딸에게 들려주는 결혼이야기

결혼 여행을 떠나는
세상의 모든 딸들에게

―――――――――

가 경 신 보냄

사랑을 가슴에 품고 사는
아름답고 지혜로운

_____ 님께

결혼은 긴 여행이다.

낯익은 추억과 시간들을 남겨두고
새로운 곳으로 떠나는 여행길이다.

꽃도 보고 노을도 보며
소소한 기쁨을 품고 가기도 하고
눈보라와 암흑으로
버거운 날들을 만나기도 하지만
끝내는 함께 가야 하는

그리하여
함께 걸어온 그 길이
유언이 되고야 마는
엄중한 여행길이다.

머리말

남편의 표현처럼 '시원, 섭섭, 대견한' 복잡한 심정으로 딸의 결혼을 맞이했다. 과년한 딸을 가진 부모로서 인생 숙제를 하는 시원한 기분과 애지중지 키운 자식을 낯선 곳으로 떠나보내야 하는 애틋한 마음, 그리고 아름답고 지혜로운 딸이 만들어 갈 새로운 세상에 대한 기대로 딸의 결혼을 기다렸다.

그저 기다렸다는 말이 맞다. 사실 딸을 낳아 기르며 제대로 눈을 맞추며 보낸 시간이 잘 떠오르지 않는다. 직장일에, 집안일에, 공부에 늘 종종거리며 허둥허둥 살아온 것만 같다. 그렇지만 딸은 고맙게도 이런 엄마를 넉넉하게 견뎌가며 오히려 독립적으로 잘 자라주었다. 이번 혼례도 언제나 그러하듯 나의 역할은 너무나 미미했다. 혼수도, 가구도, 예식장도, 살아갈 곳도 딸과 사위가 싸우며 사랑하며 준비했다. 지난한 과정이었지만 아이들은 그 과정을 통해 서로를 맞추는 방법을 터득해 가며 진정으로 성인이 되어갔다. 딸은 엄마가 아무것도 못 해줘 아쉬울지 모르니 하루만 연가 내고 올라와 드레스 고르는 것만 봐달라고 했다.

그래도 나는 이 결혼에 엄마로서 무언가를 해 주고 싶었다. 딸의 결혼에 꼭 챙겨주어야 할 것은 무엇일까 고민했다. 살다보면 외롭고 지치는 날도 있을 테니 그 날에 위로가 되는 것을 꼭 하나는 손에 쥐어 보내고 싶었다.

육아일기를 쓰던 생각이 났다. 딸이 자라 엄마가 바빠 제대로 사랑받지 못했다고 느끼지 않기를 바라는 마음으로 육아일기를 썼었다. 그리고 그것을 딸이 사춘기가 되었을 때 주었다. 딸은 가끔 외롭고 지치면 그것을 읽는다고 했다. 그리고 공연히 한바탕 울고 나면 기운이 난다고도 했다. 그리고 고맙다고도 했다.

외롭고 힘들 때 사랑하는 가족이 있다는 것을 잊지 않기를 바라며 글을 썼다. 공연히 지칠 때 '네가 얼마나 사랑스러운지, 우리 가족에게 너라는 아이가 얼마나 소중한지' 알려 주고 싶었다. 그래서 딸의 어릴 때 사진도 넣고, 추억담도 넣고, 아름다운 시도 넣어서 작은 책을 만들었다. 한 여름에 무시무시한 오한에 시달리며 이렇게라도 딸을 보낼 준비를 하고 싶었다. 그렇게 딸에게 주는 아주 소소한 잔소리와 사랑을 담아 꾸역꾸역 써 내려 갔다.

딸은 서울에 나는 천안에 있으면서 전화로 그 치열한 갈등과, 감정의 기복을 받아주기고 하고, 혼도 내면서 썼다. 새로운 삶에 대한 기대와 두려움으로 어쩔 줄 몰라 하는 딸을 보며 나도 겁이 났다. 그래서 더더욱 결혼은 경건한 약속이며, 결국은 나를 사랑하며 가는 길고 긴 여행이라는 것을 알려주고 싶었다.

결혼식이 있기 전날 나는 딸을 품에 끼고 마지막 밤을 보내며 책을 주었다. 밤새 깊은 잠을 못 드는 딸을 다독이며 나도 또 밤새 잠 못 들었다. 딸은 신혼여행 가서 내가 준 책을 읽으며 울었다고 했다. 그리고 결혼하고 가끔 전화하면 '엄마 코스프레하며 살기 힘들어. 히잉!' 하면서도 '잘 키워줘서 감사하다'고 했다. '행복하다'고도 했다. 고마웠다.

딸이 말했다.
"엄마 이 책 출간하자. 그래서 엄마의 고리타분한 잔소리 함께 나누자. 나 같은 젊은애들 같이 읽어야 할 것 같아."
남편은 말했다.
"자기가 쓴 책은 진솔해서 좋아. 우리 생활이 그대로 있네."
아들은 말했다.
"아들인 내가 읽어도 좋은데? 엄마, 아빠를 이해할 수 있잖아. 나는 어떤 책 써 줄 거야?"
그리고 배 아파 낳지도 않았는데 잘 자라서 우리 품으로 들어온 사랑하는 사위가 말한다.

"감사합니다. 어머님, 아버님 덕분에 제가 좋은 여자 만나 행복합니다."

그래서 이 책이 나오게 되었다.

'내 안의 거인'이라는 좋은 출판사에서 책을 내게 되어 기쁘다. 사람은 누구든 마음속에 거인을 키운다. 나는 이 책을 통해, 딸은 결혼을 통해 그리고 이 책을 읽는 모든 이들은 삶을 통해 마음 속에 옹크리고 있는 거인의 손을 따뜻하게 잡았으면 좋겠다. 예쁜 책이 나오기까지 애써준 분들께 감사한다.

꽤 여러 날 지나치게 사적인 것들을 지웠다. 그래도 조금은 사적이다. 그럼에도 이 책을 내게 된 것은 결혼이라는 경건하고 아름다운 여행을 떠나는 젊은이들과, 이 여행을 마음 조리며 바라보는 부모들과 작은 위로를 나누고 싶어서다. 그리고 나의 결혼여행 길을 행복하게 만들어 준 남편에게 환갑선물로 주고 싶어서다.

2017 행복한 결혼여행을 즐기는

가 경 신

목 차

프롤로그 : 결혼은 긴 여행이다.

첫번째

삶을 빛나게 하는 지혜

너를 사랑하라 - 19

40대 이후의 얼굴을 책임져라 - 23

너만의 구호를 가져라 - 27

NEAT를 활용하라 - 32

마음 그릇을 키워라 - 36

성공 전략을 실천하라 - 40

두번째

힘을 주는 한 마디

너에게 착해져라 - 49

너의 오늘을 귀하게 대하라 - 53

이 또한 지나가리라 - 59

무소의 뿔처럼 혼자서 가라 - 64

절대 외로워지지 마라 - 68

세번째

인문학적
결혼 풍경

측은지심과 역지사지로 만드는 따뜻함 – 75

그럼에도 사랑해야 하는 여행 – 80

평등을 탐하는 기쁨 – 84

신이 약속한 장자의 축복 – 89

기다림으로 얻어지는 목성의 평화 – 93

네번째

내 남자를 위한
마법 주문

매디슨 카운티의 다리에 홀로 두지 마라 – 103

가랑비에 젖게 하라 – 107

무조건 편들어 주어라 – 112

바쁠 때 전화해도 반가워 하라 – 117

송곳 말고 넛지하라 – 122

다섯번째

활력을 주는
일상의 습관

매일 아침 기도 하기 - 129

강아지처럼 뛰기 - 135

포옹과 스킨십 훈련하기 - 140

애교와 유머 활용하기 - 144

정성보다 센스 키우기 - 148

침대에서 잘 놀기 - 155

하루 만에 꽁함 풀기 - 159

여섯번째

그와 내가
하나 되는 약속

싸움 규칙 정하기 - 167

절대 각방 쓰기 없기 - 173

2분간 아무 말 말고 들어주기 - 177

셈하기 있기 없기 - 181

절대 정직하기 - 186

제대로 말하기 - 191

일곱번째

따뜻한 육아 이야기

'자녀 행중경'을 쓰라 - 203

뿌리 깊은 가족주의를 만들라 - 207

내 삶이 나의 유언이다 - 213

그릇을 가지고 퍽을 향해 가라 - 217

뱃속에서도 듣는다 - 221

똘레랑스하는 부모가 되라 - 226

에필로그 : 결혼은 행복하려 하는 것이다

프롤로그

결혼은 긴 여행이다.

결혼은 여행이다.
오래오래 살아봐야 맛을 아는 길고도 지루한 여행길이다. '서로의 과거와 현재와 미래를 데리고', '문화와 삶과 경험 그리고 운명조차도 함께 가야하는' 버거운 여행길이다. 행복과 즐거움만이 아니라 예기치 못한 슬픔과 우울, 절망과 분노가 있어도 포기하거나 돌아가기 어려운 길이다. 비가 오면 잠깐 처마에 몸을 숨기기도 하고, 눈이 오면 산사에 머물기도 하면서 주섬주섬 가야한다. 왜냐하면 이 여행은 전적으로 내가 선택한 운명의 길이기 때문이다.

두렵고도 설레는 마음으로 떠났던 여행길이 어느덧 34년이 흘렀다. 그동안 아내로서, 엄마로서, 며느리로서 그리고 직장여성으로서 열심히 살았다. 소소한 일로 삐지고 우울해 하는 '사랑밖엔 난 모르는' 아내로, 자식들 일로 햇살처럼 피어오르다가 갑자기 쪼그라들기도 하는 걱정도 팔자인 엄마로, 가끔은 시금치도 먹기 싫은 맏며느리로 그리고 여전히 유리 천정 아래서 서성이는 직장인으로 자학도 하고 자애도 하면서 나름 열심히 살았다.

이쯤 살아보니 가족을 위해, 사랑하는 사람들을 위해 헌신하고,

때로 희생하며 살아온 시간들이 결국은 나를 사랑한 시간들이었다는 것을 깨닫게 된다. '결혼하면 자식이나 남편보다 내 행복을 먼저 생각하겠노라. 절대 가족에게 내 삶을 희생하지 않겠노라.'고 외치던 20대의 내가 돌아가신 어머니에게 용서를 구한다. 삶은 그렇게 비슷하면 비슷해지는 모양이다. 내 어머니가 걸었던 그 길을 따라 내가 걸었듯 나의 길을 따라 나의 딸이 또 걸어갈 것이다.

아직 끝나지 않은 여행이지만 여행 마치는 날 나의 삶이 딸에게 소중한 유언으로 기억되기를 소망하며 이 책을 쓴다. 어떤 것은 세대가 달라 고리타분할 테고, 어떤 것은 과거의 추억이라 과장되었을 테고, 어떤 것은 차마 말하기 어려워 미화되기도 했을 것이다. 그러나 현명한 딸은 엄마 세대의 좋은 것은 가슴에 품고 불편한 것은 내려놓고 당당하고 아름답게 자신들의 세대를 한걸음 앞으로 끌고 갈 것이다.

이 책을 관통하는 생각은 오직 하나다.
결혼은 행복하려 하는 것이다. 그리고 끝내는 행복을 만나고야 마는 긴 여행길이다.
그러니 사랑하는 딸아!
여행을 마치는 그날까지 부디 서로 사랑하며 살거라.
그리하여 행복했노라 말하거라.

삶을 빛나게 하는 지혜

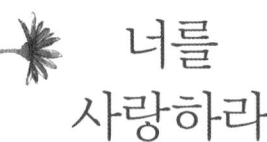

너를
사랑하라

　결혼도 여행이라면 절대 잃어버리면 안 될 여권과 같은 것이 있을까? 처음으로 해외여행 갔을 때 챙기고 또 챙겼던 여권처럼 결혼 여행에서 가장 소중하게 간직해야 할 것은 무엇일까?

　낯익은 것들을 뒤로하고 두려운 마음으로 떠날 준비를 하는 너를 위해 엄마는 네 여행가방 깊은 곳에 결혼 여권을 챙겨주려 한다. 거기에는 세상에서 가장 아름답고 사랑스런 너의 얼굴이 선명히 박혀 있다. 그리고 지금의 너를 만들어온 아름다운 시간들과 우리 가족들이 서로 사랑하며 보냈던 추억들도 함께 있단다. 한 치의 의심 없이 너는 태어나 존재하는 것만으로도 기쁨이었으며, 신이 주신 보석으로 엄마, 아빠 곁에 머물렀다. 어떤 좌절의 순간이 와도 너는 너라서 아름답고 사랑스럽다는 것을 절대 잊으면 안 된다. 너의 과거와 현재 그리고 미래를 온전히 사랑하는 것이야말로 행복한 결혼의 출발이자 종착점이다.

　네가 태어난 순간부터 엄마, 아빠는 세상을 다른 눈으로 보기 시작했고 인생에 대한 진지한 책임과 성찰을 시작했다. 작은 입을 꼬물락 거리며 젖을 빨던 모습이며, 엄마 품에 안겨 엄마 얼굴을 만지작거리던 그때의 느낌조차 생생하다. 밥상 앞에서 까불까불하며 노래하던 모습이며, 숟가락을 들고 졸던 모습은 어제 일처럼 또렷하구나. 사춘기를 거치고 성장하면서 네가 우리에게 준 기쁨의 시간들이 따뜻하게 다가온다.
　신이 어디든 다 있을 수 없어 어머니를 주셨듯이, 부모들이 함부로 살지 말라고 자식을 주셨다지? 너는 엄마, 아빠의 삶을 지탱하는 버팀목이었다. 너는 그런 귀한 존재다. 어떤 순간에도 너는 사랑받기 위해 태어난 사람임을 잊지 말거라.

　엄마의 결혼 생활도 돌아보면 위기도 있었고, 절망의 순간도 있었으며, 치명적인 추락의 순간도 있었다. 그럼에도 행복한 오늘이 있는 것은 나를 나 그대로 인정하고 사랑하며 살았기 때문이라고 생각한다. 나의 품격 때문에, 나의 부모님 때문에, 나의 아이들 때문에, 나의 위신 때문에, 나의 추억 때문에, 결국은 나의 행복 때문에 '차마' 하지 못한 일들이 쌓여 어느새 34년이 흘렀다.

그렇게 나를 아끼고 사랑하며 사는 것이 결혼이다.

너는 너라서 사랑스럽다. 미래에도 너는 너라서 아름답고 사랑스러울 것이다. 그럼에도 살다보면 행복한 날들과 우울한 날들이 수시로 교차하며 찾아오게 된단다. 너의 모든 것이 약점으로 여겨질 때도 있을 테고, 남들과 비교해서 부족하고 아쉬운 것들로 우울해지는 날들도 있겠지. 아이들 키우며 굵어진 팔뚝 때문에 슬퍼지기도 하고, 처진 피부로 자신감 떨어지는 날도 있을 거야. 게다가 도무지 가만히 있지 않는 사랑 때문에 절망스러운 날들을 맞이할 지도 몰라.

그러나 세상은 공평해서 하나가 부족해지면 다른 것으로 채워지게 되고, 골짜기가 깊으면 산도 높아진단다. 내가 늙어 주름지면 그의 눈이 어두워져 주름을 보지 못하게 하고, 불같은 사랑이 가면 따뜻한 인간애로 의지하며 살게 되는 것이 부부다. 그러니 소소한 것, 변하고야 마는 것, 보잘 것 없는 것에 너무 마음 두지 말거라. '젊어도 보았으니 늙어도 보는' 나이 들어가는 넉넉한 너를 사랑하며 살거라. 너는 너라서 언제나 아름답다.

사랑받기 위해 태어난 나의 소중한 딸아!
한 치의 의심 없이 너의 가치를 누리거라. 공연히 의기소침하거나 너의 존엄성에 대해 회의하지 말아라. 물론 세상 모든 사람이 엄마, 아빠가 너를 사랑하듯 그렇게 사랑하지 않을 지도 모른다. 그렇다 해도 네가 존재만으로도 기쁨을 주고, 행복을 주는 사람이라는 사실에는 변함이 없다. 혹시 너에게 사랑을 주지 못하는 사람이라면 아마도 사랑을 안주는 것이 아니라 주는 방법을 모르는 사람일지도 모르지. 그러니 다른 사람이 주는 사랑의 무게로 너를 평가하지 말거라. 그것이 시부모든, 네 남편이든, 네 이웃이든 그들의 사랑으로 너의 가치를 정하지 말라는 말이다. 너는 너라서 그 자체로 소중하단다.

엄마는 사랑을 받아본 사람만이 줄줄도 안다고 믿는다. 너는 엄마와 아빠의 딸로 태어나서 한없는 사랑을 받고 살았으니 이제 네가 만드는 세상에서 사랑을 주고 그리고 받으며 살거라. 엄마는 네가 가정에서든 사회에서든 자신을 사랑함은 물론 다른 사람에게도 사랑을 나눌 줄 아는 따뜻한 어른으로 살았으면 좋겠다. 그것이 네가 받은 사랑에 대한 보답이다.

그리하여 세상 여행 끝나는 날 '사랑했으므로 행복했노라'고 말할 수 있기를 소망한다.

40살 이후의
얼굴을 책임져라

'30살 까지는 부모님이 주신 얼굴로 살지만 40살 이후는 자신이 만든 얼굴로 산다.'는 말이 있다.

요즘이야 여러 가지 시술이나 성형을 이용하기도 하니 다른 뜻으로 해석될 수도 있겠지만, 얼굴은 그 사람의 삶을 드러낸다는 것이다. 얼굴은 수백 개의 근육으로 이루어져 있고, 여러 개의 근육이 각기 다르게 움직이며 얼굴 표정을 만들어 낸다. 그래서 얼굴은 청동 조소처럼 한번 만들어져 죽을 때까지 고정되는 것이 아니라, 자주 짓는 표정에 따라 변한다. 그러니 40여년을 비슷한 표정으로 근육을 쓰다 보면 발달된 근육의 형태대로 얼굴이 변하게 되는 것은 당연하다. 젊을 때는 이목구비가 어떻게 생겼느냐가 중요하지만 나이가 들면 인상으로 그 사람의 아름다움을 평가하게 된다는 말과도 통한다. 인상은 얼굴 생김보다 표정을 통해 드러나게 되는데, 그 표정은 삶의 경험이나 평소의 생각, 가치관들이 반영되어 만들어진다. 그리하여 인상은 그 사람의 운명을 결정하는 관상을 만든다. 인상은 인성이고 인성은 관상이며 관상은 운명이라는 말에 절대 공감한다.

얼굴을 내 스스로 만들 수 있다면 이왕이면 복을 부르는 얼굴로 만들고 싶다. 관상학자들이 말하는 복을 부르는 관상은 너그럽고 여유롭고 밝은 빛이 서린 얼굴이라고 한다. 화를 내거나 짜증 낼 때의 형태인 좁은 미간과 쳐진 입꼬리 그리고 불안한 눈매는 관상학적으로 복을 부르지 못하는 얼굴이다. 한마디로 즐겁고 행복하게 많이 웃으며 살면 좋은 관상을 가질 수 있다는 말이다.

관상은 얼굴의 겉모습만이 아니라 마음에 서린 기운을 드러낸다. 그래서 관상을 심상(心相)이라고도 하고 뇌상(腦相)이라고도 하는 모양이다. 또 '관상은 심상(心相)만 못하고 심상은 덕상(德相)만 못하다'는 말도 있다. 그러니 피부나 눈 코 입과 같은 생김생김을 잘 관리하는 것도 필요하지만, 밝은 웃음으로 마음을 곱게 쓰고, 덕을 쌓으며 사는 것이 더 중요하다. 긍정적인 생각으로 얼굴에 밝은 기운이 서리게 되면, 좋은 운명을 불러오는 얼굴을 가지게 되지만, 부정적인 생각이나 걱정을 많이 하면 얼굴에 어두운 기운이 서려 복 있는 관상을 가지기는 어렵다.

'행운은 웃는 얼굴로 들어와 불평하는 입으로 나간다.'
엄마가 인생의 부적쯤으로 생각하는 영국의 속담이다. 엄마는 지금까지의 인생에 넘치도록 찾아온 행운들은 일부러라도 웃고, 가식적으로라도 웃고, 쓸데없이 웃고, 혼자서도 웃고, 화장하면서도 웃고, 일 할 때도 웃고 그렇게 살다보니 저절로 만들어진 웃는 얼굴 덕이라고 굳게 믿고 있다. 얼굴이 밝으니 좋은 일이 들어오고 그러다보니 저절로 좋은 마음이 생기고, 그 좋은 마음은 다시 밝은 얼굴을 만드는 선순환 체계가 되었다고나 할까?

간혹 일이 잘 안 풀리거나 꼬이면 엄마는 거울을 본다. 혹 불평하고 짜증내고 있지는 않은지, 감사의 마음보다는 나 잘났다고 뻐기지는 않는지, 비웃음의 표정으로 행운이 들어오는 문을 막고 있지는 않은 지를 살핀다. 물론 인생의 모든 일들이 웃는 얼굴이나 마음 씀씀이만으로 해결되지는 않겠지만, 그래도 엄마는 이 믿음을 굳게 믿으며 살았고 이 믿음은 크게 배반하지 않고 삶을 지켜 주었다.

엄마가 무척이나 좋아했던 오드리 햅번이라는 여배우가 있다. 젊어서는 '로마의 휴일'을 보며 상큼 발랄한 외모에 반했고, 나이가 들어서는 행동하는 봉사자로 아름다운 외모만큼이나 아름다운 행적으로 경외심을 가지게 한 사람이란다. 그가 딸에게 남긴 아름다운 유언은 엄마가 너에게 주고 싶은 유언이기도 하다.

아름다운 입술을 갖고 싶으면 친절한 말을 하라.
사랑스런 눈을 갖고 싶으면 사람들에게서 좋은 점을 보아라.
날씬한 몸매를 갖고 싶으면 너의 음식을 배고픈 사람과 나누어라.

<오드리 햅번 : 딸에게 주는 유언 중에서>

딸아! 너의 얼굴은 이제부터 오롯이 너의 책임이다. 그리고 너의 얼굴은 너와 너의 가정의 얼굴이 된다는 것을 잊지 말아라. 긍정적인 생각과 열정으로 너를 가꾸고, 행복과 은혜를 나누며 너를 빛나게 하거라. 아름다운 입술과 사랑스런 눈, 그리고 날씬한 몸을 가지고 자신의 얼굴에 책임지며 살아갈 우리 딸의 40대를 상상만 해도 엄마는 행복하다.

우리 딸의 아름다운 40대를 위하여 부라보!

너만의 구호를 가져라

 군인이 경례를 하면서 구호를 외치는 것은 군인 정신과 결의를 나타내기 위해서라고 한다. 또 어떤 경우에는 서로간의 예의이자 정신을 되새기는 수단으로 활용되기도 한다. 그렇지만 구호의 가장 중요한 기능은 자기최면일 것이다. 대체로 구호는 큰소리로 외치며 힘을 모으거나, 반복적으로 외치면서 지속력을 가지게 된다. 아마도 말이 가지는 엄청난 힘을 활용하기 위함일 것이다. 그래서 개인이든, 조직이든, 기관이든 기억하기 좋고 힘을 모으기 좋은 구호들을 만들어 사용한다.

 엄마에게도 삶에 변화를 주고 힘을 얻기 위한 기억하기 좋은 구호가 있다. '1.1.9' 엄마의 하루를 이끄는 구호다. 사무실 컴퓨터 옆에 '1.1.9 했나요?'를 붙여 놓고 수시로 본다. 이 구호는 119 구급대처럼 엄마 인생에 생명과 활력을 주었다고 믿는다.

하루에 1페이지 이상 독서하고,
하루에 1가지 이상 착한 일 하고,
하루에 9번 이상 소리 내서 웃자.

'가난한 사람은 독서로 부자가 되고, 부자는 독서로 귀하게 된다.'는 말이 있듯이 하루 한 페이지 이상의 독서는 엄마를 성공으로 이끈 가장 중요한 습관이다. 서정주 시인은 '나를 키운 팔 할이 바람'이라고 했지만 엄마에게 '나를 키운 팔 할은 독서'다. 초등학교도 채 졸업하지 못하신 홀어머니 밑에서 가난한 집 7째 막내로 자란 소심한 소녀는 책에서 위안도 찾고 책에서 길도 찾았다. 일곱이나 되는 자식들을 먹여 살리기 위해 남의 집을 전전하며 일하시는 어머니를 기다리며 책을 읽었다. 거기서 부모님이 줄 수 없었던 삶의 지혜를 얻었으며, 멈추지 않고 걸어가야 할 의미를 찾았다. 엄마에게 독서는 삶을 이끌어 온 힘이다.

집안일에 직장일에 늘 바쁜 엄마의 독서 방법은 '컴퓨터 켜기전 10분 독서'다. 업무를 위해 일단 컴퓨터를 켜면 거기서 빠져 나오기 어렵기 때문에 출근하면 컴퓨터 켜기 전에 10분간 책부터 읽는다. 그리고 컴퓨터를 켜고 업무를 시작한다. 하찮아 보이는 10분이지만 이 시간이 주는 효과는 어마어마하다. 책 읽을 시간을 확보한다는 의미도 있지만, 하루를 이끄는 사유의 끈을 발견하게 된다는 데 더큰 의미가 있다. 무언가 골몰하고 있을 때 아침에 읽는 책에서 번득이는 아이디어를 발견하기도 하고, 마음 복잡할 때 마음을 추스르는 소중한 지혜를 얻기도 한다. 어쨌든 엄마는 이 시간을 통해 책을 곁에 두는 습관을 가지게 되었고, 그 습관을 통해 여기 지금 내가 있다고 생각한다.

하루 한 가지 이상 착한 일을 하는 것은 어려운 듯 쉽다. 큰 돈을 기부하거나 봉사활동과 같은 것을 생각하면 어렵지만, 우리 주변에서 마주치는 소소한 기회들을 활용하면 그리 어렵지 않다. 출근길에 만난 사람들의 무거운 짐을 들어주거나, 엘리베이터에서 만난 아이들에게 덕담을 해 주거나, 공용 화장실 세면대를 닦거나, 쓰레기를 줍거나, 뒷사람을 위해 현관문을 잡고 있는 일들은 하루 1가지 이상의 착한 일을 위한 소소한 기회. 기회가 나는 대로 물질로, 마음으로 하는 착한 일들은 삶에 따뜻함을 선물해 준다. 게다가 종교적으로도 착한 일을 하면 사후세계의 복은 물론이지만 현실 세계에서 부를 준다고 하니 이보다 확실한 투자가 어디 있겠니?

불교경전 중의 하나인 '잡보장경'에 보면 이런 일화가 있다.

"부처님, 저는 어째서 하는 일마다 되는 일이 없나요?"

"그것은 네가 남에게 베풀지 않기 때문이다."

"가진 것이 없는 데 어떻게 남에게 베풀 수 있겠습니까?"

그 때 부처님은 재물이 없어도 할 수 있는 7가지 보시, 즉 '무재칠시(無才七施)'를 말씀해 주셨다. 일상생활에서 굳이 돈 들이지 않고도 할 수 있는 착한 일들을 행하는 것만으로 누구나 부자도 되고 성공도 할 수 있다는 것이다.

화안시(和顔施) 온화하고 밝은 얼굴로 사람을 대하는 것
언시(言施) 공손하고 다정한 말씨로 남을 대하는 것
심시(心施) 착하고 어진 마음을 가지고 사람을 대하는 것
안시(眼施) 부드럽고 따뜻한 눈길로 남을 편안하게 해주는 것
신시(身施) 예의 바르고 친절하게 몸을 움직여 돕는 것
좌시(座施) 자신의 자리를 양보해 주는 것
찰시(察施) 다른 사람을 잘 살펴 배려하는 것

웃음이야 엄마에게 행운을 가져다 준 비결이라고 굳게 믿고 있으니 하루 10번을 하래도 힘들지 않다. '스마일 파워(smile power)'라는 말이 있듯이 웃음은 복을 불러오는 힘이 있다는 것은 경험상 확실하다. 행운을 부르는 웃음은 입꼬리를 위로 올려 윗이빨이 8개 이상 보

이게 활짝 웃는 것이다. 입꼬리가 좌우 눈동자의 폭만큼 넓게 벌어지면 더욱 좋고, 소리를 내서 박장대소하면 더욱 에너지가 생긴다. 쉬워 보이지만 이상하게도 잘 안 되는 사람들도 많다. 쾌활한 웃음을 위해서는 얼굴에 있는 근육을 포함해 총 231개의 근육을 써야 한다고 하니 평소 이런 훈련이 안된 사람은 웃는 일도 쉽지는 않을 것이다. 그래서 웃음은 훈련이다. 행복해서 웃는 것이 아니라 웃어서 행복해진다는 말은 뇌과학에서 이미 증명된 것처럼 웃음으로 행복을 만들 수 있다. 그래서 훈련을 해서라도 활짝 웃어야 한다.

독서, 착함, 웃음을 실천하게 한 '119'는 엄마에게 행복과 부를 선물한 고마운 구호다. 이 구호의 엄청난 힘을 인정하지 않으면 넘치는 복을 받은 엄마의 삶을 설명하기 어렵다. 6살에 돌아가신 외할아버지는 엄마의 청년시절까지도 어두움을 주었고, 20살까지 18번이나 이사를 해야 했던 엄마의 청소년 시절은 외롭고 가난했다. 홀어머니를 모신 가난한 장남과의 결혼생활도 쉽지는 않았다만, 어찌어찌 여기에 있게 된 것은 하루하루를 절대 포기하지 않으셨던 외할머니의 억척 DNA와 119가 가져다 준 행운 때문은 아닐까 생각해 본다. 그래서 엄마는 너에게도 네 삶을 이끌 확실한 구호 하나 만들기를 권한다.

우리 딸은 하루를 행복하게 이끌어내기 위해 어떤 구호를 외치며 살려나?

NEAT를
활용하라

　　NEAT는 비운동성 활동 열생성(Non-Exercise Activity Thermogenesis) 의 약자로 운동이 아닌 일상생활을 통해 운동할 때와 같은 에너지를 소모하는 것을 말한다. 다이어트의 종류 중에 'NEAT 다이어트'가 있는데 특별한 운동이나 식이요법을 통해서 다이어트를 하는 것이 아니라 일상생활 속에서 칼로리 소모를 높여줌으로써 체중을 줄이는 것이다. 예를 들어 TV 리모콘을 탁자 위가 아니라 조금 떨어진 곳에 둔다든지, 설거지나 청소할 때 운동 자세로 한다든지 하는 것들이다. NEAT 운동법을 주장하는 사람들은 생활 속의 작은 습관 하나만 바꿔도 하루 열량 소비를 최대 30%까지 늘릴 수 있다고 주장한다. 실제로 매일 출퇴근하느라 운동을 위한 특별한 시간을 내기도 어렵고, 일단 집에 들어오면 나가는 것을 그리 좋아하지 않는 엄마 같은 사람에게 아주 좋은 방법이다. 틈틈이, 짬짬이 하는 NEAT는 시간적 여유와 일상의 에너지를 준다.

   NEAT 신봉자인 엄마의 활용법은 대충 이렇다.
   아침에 눈을 뜨면 침대에서 10분 정도의 간단한 스트레칭과 체조를 하고 고양이 자세로 엎드려 기도를 한다. 그리고 화장실에 앉아서는 양쪽 어깨를 나이만큼 번갈아 두드려 주고, 얼굴 근육을 꼬집어 가며 잠을 깬다. 배를 밀어 넣고 손을 위로 바짝 올려 샤워하고 머리 감기, 다리를 쭉 펴고 엎드려 뒷머리 말리기, 원숭이처럼 뛰며 앞머리 말리기, 스쿼트 자세로 화장하기 등도 일상운동법이다. 서서 책이나 서류를 보기도 하고, 걸을 때는 배에 힘을 주고 어깨를 쭉 펴고 걷거나, TV를 보면서 이런저런 몸 움직임을 해서 에너지 소모를 늘린다.
   늘어놓고 보니 엄마가 좀 피곤하게 사는 것처럼 보이기도 한다만, 이 방법으로 힘들이지 않고 몸 관리 잘 하면서 건강하게 생활하고 있으니 제법 효과가 있기는 한 것 같다.

   사실 결혼을 하면 운동만이 아니라 전문지식을 쌓는 일, 승진을 위한 준비, 독서, 여행 그밖의 여러 취미 활동 등을 결혼 전처럼 오롯이 시간을 내서 하기는 생각보다 쉽지 않다. 여자는 하지 않아도 될 일들을 엄마와 아내는 해야만 하거든. 운동, 공부, 취미생활을 하겠다고 근무시간을 빌려오거나, 절대 수면시간을 뺏어 올수는 없지 않겠니? 그러다 보면 포기하거나, 가족들과의 시간을 희생할 수밖에 없을 때가 많다. 그러나 가족, 특히 아이들은 엄마가 곁에 있어주어야 할 절대적 시기가 있단다. 게다가 아이들은 참을성이 없어 하염없이 부모의 시간을 기다려 주지 않거든. 그러니 대개의 엄마들은 가족을 위해 자신의 시간을 포기하게 되고, 가끔은 그로 인해 마음의 병을 얻기도 하고, 주저앉아 망연자실하기도 하지.

엄마도 보통의 엄마들처럼 언제나 너희들을 포함한 가족을 내 삶의 가장 중요한 위치에 두었고, 너희들이나 아빠가 엄마를 필요로 할 때 거기 있어주고 싶었다. 그렇지만 나의 발전을 결코 뒷방에 가두어 두고 싶지도 않았어. 나의 시간들도 절대적 타이밍을 요구하거든. 그러니 엄마에게 NEAT는 선택이 아닌 필수였다.

네가 어려서 동생하고 잘 놀아도 엄마가 너희들 곁을 떠나 엄마만의 시간을 가질 수는 없었다. 그래서 너희들 곁에 있으면서 할 수 있는 가장 쉬운 일이 공부였다. 그렇게 학위도 따고 승진도 했다.

엄마의 NEAT 사랑은 너희들도 기억할거야. 아빠 유학시절 돈을 벌기 위해 엄마가 10여 명의 유학생들에게 밥을 해준 적이 있었어. 거의 하루 종일 싱크대에서 음식을 해야 하니 서툰 영어를 극복할 시간이 없었지. 그래서 싱크대 앞에 영어 단어를 메모해서 붙여 놓고 반찬거리 준비하면서, 설거지 하면서 단어를 외웠다. 그 덕에 엄마는 열심히 돈 벌어 아빠 뒷바라지 하면서 주도적인 미국생활을 했다.

그 후에도 이런저런 일을 동시에 하는 엄마의 방식은 '틈틈이, 짬짬이'다. 이번에 받은 미용학사도 통근길과 저녁운동 하며 들은 사이버 수강의 결과다. 엄마는 그렇게 한 발짝씩 앞으로 걸어 왔다. 물론 쉽지는 않았다. 마냥 퍼져서 쉬고 싶은 날도 많았지만 외할머니 말씀처럼 '죽어서 썩을 육신 너무 아끼지는 말자.' 하면서 살았다. 엄마는 NEAT를 활용해 너희들과 함께 하는 시간을 포기하지도 않았고 엄마의 기회를 가두지도 않고 살았다고 생각한다. 그렇게 맞이한 오늘이 고맙고 고맙다.

엄마의 방식은 누구에게나 권할만 하지도 않고, 때에 따라서는 지나친 피로를 불러올 수 있다. 그래서 엄마는 중요한 것들을 포기하지 않고 함께 가져갈 수 있는 너만의 방식을 찾기를 권한다. 네 인생의 중요한 것들과 네 가족에게 중요한 것들은 순차적으로 하나하나 다 가오지 않을 때가 많단다. 어느 하나 포기할 수 없다면 함께 안고 가는 지혜로운 방법을 찾아야 한다. 그것은 가족을 따뜻하게 해줄 시간을 선물할 뿐 아니라, 네 인생을 성공으로 이끌 것이다.

마음 그릇을 키워라

    촉나라 최고의 지략가로 알려진 제갈공명은 '백우선'이라는 부채를 항상 지니고 다녔다고 한다. 이 부채는 지략은 뛰어나지만 다소 다혈질이었던 제갈공명을 위해 그의 아내가 '큰일을 하려면 화나는 일이 있어도 감정을 드러내지 말고 침착해야 하니 부채로 감정을 다스리라.'는 당부와 함께 준 것이다. 기록에 의하면 제갈공명의 아내 황씨는 얼굴은 박색이지만 재능과 됨됨이가 훌륭해서 남편이 재상의 자리에 오르는데 큰 역할을 했다고 알려져 있다.

    이상하게도 재능이 뛰어나거나 현명한 여자는 못 생겼거나, 안 생겼다. 어찌보면 이것도 여성 폄하 사고일 수도 있다. 남성의 능력을 소개하면서 외모를 같이 표현하는 경우는 많지 않지만, 여성의 능력 표현 뒤에는 긍정적이든 부정적이든 외모가 따라다닌다. 어쨌든 제갈공명의 아내는 그의 남편이 재상이 되는 데 큰 역할을 한 것은 분명하다.

남편의 성공에 큰 역할을 한 아내로는 고전 소설의 등장인물인 박씨부인, 바보 온달을 장군으로 만든 평강공주, 그리고 최근에는 버락 오바마를 가장 사랑받는 대통령으로 기억하게 한 미셸 오바마가 생각난다. 엄마 주변에도 성공한 남자들에게는 그에 걸맞는 아내들이 있다. 물론 엄마가 생각하는 성공은 일반적인 가치와 다를 수 있지만, 남자들은 아내의 지혜의 높이만큼 성장하고, 판단의 냉철함만큼 슬기로워지고, 신뢰의 깊이만큼 자신감을 가진다. 게다가 '남자 입성(옷을 입는 모습)은 여자에 달렸다'는 말도 있듯 남자들은 아내의 안목만큼 멋져진다. 그리고 아내의 마음 크기만큼 넉넉해진다.

물론 아내도 남편에 따라 삶의 크기가 변한다. 남편이 얼마나 넓은 마음으로 아내를 이해하느냐에 따라 아내의 행동반경은 넓어지고, 남편의 안목만큼 아내의 삶은 윤기가 난다. 또 남편의 현명한 조언만큼 아내의 능력은 사회의 미덕이 되어 나타난다.
그래서 부부는 서로의 거울이며, 성장의 크기다.

20세기의 가장 위대한 과학의 발견은 '거울뉴런'이라는 신경세포의 발견이라고 한다. 거울뉴런은 말 그대로 의도적으로 노력하지 않아도 거울이 모습을 비춰주듯 상호간의 행동이나 감정을 서로 비추고 반응하게 하는 작용을 한다. 부부나 가족과 같이 특별히 가까운 사람들은 서로의 뇌에 상(像)으로 남아서 좋은 방향이든 나쁜 방향이든 그를 지배하게 된다는 것이다. 그래서 부부는 예외 없이 닮는다. 그리고 자식들은 거울에 비친 부모의 모습이다. 남편을 무시하고 '그 인간하고는 다르다'고 우기는 아내들조차도 잘 보면 분명 남편과 닮았다. 아이들을 향해 '누구 닮아 저러느냐'고 혀를 차도 부모밖에 닮을 수 없다는 것을 안다. 남편이든 자식이든 성공을 바란다면 자신을 먼저 넓고 크게 만들어야 한다. 남편은 아내의 그릇 크기만큼 성공하고, 아이들은 엄마의 마음 넓이만큼 행복해지기 때문이다.

마음 그릇을 키우기 위해 가장 먼저 안목을 넓혀라. 넓은 안목은 세상을 넓게 보는 것이다. 책을 읽든, 좋은 이웃과 대화를 하든, 여행을 하든, 좋은 전시회나 공연을 보든 안목을 넓힐 수 있는 기회를 놓치지 말거라. 옷이며, 가구며, 음식에 관한 안목도 중요하다. 엄마 지인은 패션 감각 떨어지는 남편을 위해 남편의 옷을 미리 코디해서 사진을 찍어 옷장에 붙여 놓고 그대로 입고 나가게 한다고 하더라만, 그렇게 까지는 아니어도 남편의 의상을 안목 있게 신경 써 주어라. 의상도 성공의 전략이다. 가구든, 음식이든, 소소한 물건이든 그리고 삶의 스타일이든 과하지도 모자라지도 않는 안목을 키우거라.

그리고 돈 쓰는 마음을 크게 가져라. 사회생활 하다보면 때론 돈이 그 사람의 크기를 결정한다. 네 남편이 자신의 부모나 가족, 친구를 위해 돈을 쓰고 싶어 할 때 가끔은 통 크게 눈 감아 주기도 해야 한다. 돈으로 남편을 기죽이다가는 돈으로는 살 수 없는 것을 잃을 수도 있단다. 남녀는 돈을 대하는 방식도, 쓰는 방식도 다르니 잘 살펴가며 큰마음으로 대하거라. 돈은 큰마음에 머물기를 좋아 한단다.

무엇보다 지혜의 그릇을 넓혀라. 네 남편이나 가족들이 너와의 대화를 통해 성찰과 사유의 실마리를 찾을 수 있어야 한다. 삶은 판단의 연속이다. 그 판단은 지혜와 경험을 바탕으로한 깊은 통찰의 산물이다. 너의 가족이 매일 마주치는 판단의 순간에 너의 지혜와 경험이 등대가 될 수 있어야 한다. 남편이나 아이들의 지혜 없음을 탓하지 말거라. 지혜는 경험으로 쌓이는 것이니 가족의 지혜의 크기는 너의 지혜의 크기와 같다.

사람의 마음 그릇은 사유와 성찰로 커간다. 그래서 사람은 생각함으로 존중받는다. 회의하고 반성하고 그리고 새로움에 도전함으로써 너를 키우거라. 좋은 책을 읽고, 좋은 사람들과 대화하고, 좋은 일에 참여해라. 그래야 네 남편이 성공한다.

성공 전략을 실천하라

'여자라서 좋아요!' 옛날 어떤 광고에 있던 말이다.

엄마는 여자라서 힘들 때도 물론 있었지만 여자라서 좋을 때도 많았다. '다음 생애도 여자로 태어날래?'라는 질문의 답은 아니지만, 지금 이 삶에서 엄마인 것이, 아내인 것이, 여성 교직자인 것이 좋다. 물론 여자라 감당할 몫도 많고, 여자라 포기해야 할 것들도 많았지만, 살면서 다른 선택을 부러워하지도 않았고, 그리 될 것을 꿈꾸지도 않았다. 그동안 가정생활, 직장생활, 사회생활을 하면서 맡은 책임을 다하며 내가 사는 세상을 조금은 행복하게 만들려고 노력하며 살았다.

그러나 무엇보다 딸을 둔 엄마로서, 여자 제자들을 둔 교직자로서, 조금은 혜택 받은 여성 리더로서, 나의 삶이 딸인 너뿐만 아니라 우리 학생들에게 본보기가 되어야 한다고 생각했다. 나이가 들면서는 여성 후배들에게 최소한 부끄럽지는 말아야 한다는 마음으로 살았다.

엄마는 스스로를 나름 성공한 여성이라고 믿는다. 엄마에게 성공은 높은 자리나 부가 아니라 누구에게든 크게 부끄러워하지 않고 내 삶을 이야기할 수 있는 것이라고 생각하기 때문이다. 다음의 몇 가지들은 엄마가 여성으로서 부끄러운 삶을 살지 않기 위해 실천해 온 것들이다. 너와 함께 나누면 좋겠구나.

1. 얼굴 표정과 목소리를 밝게 하라

얼굴의 표정과 목소리는 타인에 대한 배려며, 행운의 신이 들어오는 대문이다. 웃는 표정은 다른 사람을 즐겁게 할뿐 아니라 자신에게 행운을 준다. 또 따뜻하면서도 활기찬 목소리는 에너지의 근원이다. 특히 전화 목소리는 안내원처럼 '솔'음으로 높여 내면 좋다. 솔음은 가장 활기차고 유쾌한 소리를 내는 음역대라고 한다. 전화기 저쪽 사람들을 공연히 주눅 들고 쳐지게 만들 필요 없다. 타고난 얼굴 모습이나 음색이 좋고 나쁘고는 중요하지 않다. 나와 다른 사람을 위해 마음을 담아 즐겁고 활기찬 표정과 목소리를 가져라.

2. 자신의 일에 정통하라

'정통해야 따른다'는 부사관 학교의 교훈은 엄마의 행동지침이다. 부하 직원들이 가장 좋아하는 상사는 그 분야에 정통해서 정확하게 판단하고 방향을 제시하는 사람이라고 한다. 그 분야의 정통한 지식은 조직의 에너지를 결집하게 하며 낭비 요소를 최소화 시킨다. 리더십은 힘이나 권력에서 나오는 것이 아니라 전문성에 기반한 권위에서 나온다. 아내 역할도 엄마역할도 정통해라. 그러기 위해 언제나 공부하고 배워야 한다.

3. 시테크를 하라

시테크는 시간을 아껴 쓰는 것만이 아니라 시간을 효율적으로 관리한다는 뜻이다. 동일하게 주어진 시간을 어떻게 효율적으로 사용하느냐는 전적으로 개인의 선택과 집중에 달려 있다. 가정과 직장 어느 것 하나 소홀히 할 수 없으니 자투리시간 활용도 시테크다. 돈으로 시간을 살 수 있다면 편리한 가전제품을 구입하고 바쁠 때 도우미를 활용해서라도 돈으로 시간을 사거라. 나를 필요로 하는 사람과 함께 있는 시간이 돈보다 귀한 시기가 있단다. 귀하고 중요한 일을 제때 해라. 그것이 진정한 시테크다.

4. 제대로 말 하라

말을 잘 하는 것과 제대로 하는 것은 다르다. 말은 가장 강력한 성공의 도구다. 수다가 필요할 때와 전략적 언어 사용이 필요할 때를 구별해라. 자신의 의견을 관철하기 위해 침묵의 대화법과 간결하고 명쾌한 두괄식 어법을 잘 활용해라. 미괄식은 바쁜 직장생활에서 핵심 전달도 못하고 상처받기 쉽다. 불필요한 손동작으로 가볍게 보이지 않는 것이 좋으며, 먼저 잘 듣고 핵심을 논리적으로 말해라. 그러나 모든 대화의 기본은 잔기술이 아닌 상대를 진심으로 배려하고 이해하는 따뜻한 마음임을 명심해야 한다.

5. 유머 감각을 키워라

유머는 상대에 대한 배려고 애정이며 동지애의 근원이다. 코미디나 개그로 사람을 웃기는 것은 타고나야 하지만 평범한 사람의 유머 감각이란 유머를 즐길 줄 아는 마음 자세면 충분하다. 유머든 실수든 받아들일 줄 아는 여유, 흔쾌히 웃어줌으로써 상대를 배려하는 세심함만 있으면 충분하다. 열등감은 유머감각의 적이다. 하늘과 땅 사이에 나보다 높은 사람도 낮은 사람도 없으니 우쭐할 것도 기죽을 것도 없다. 그래서 천상천하 유아독존(天上天下唯我獨尊)이다. 그러니 넉넉하게 웃으며 살아라.

6. 외모를 잘 가꾸어라

외모도 전략이다. 옷차림의 기본적인 기능은 '나는 적절할 사람'이라는 것을 보여주는 것이다. 때와 장소를 적절히 분간하는 의상과 화장술로 외모가 주는 사회적 표상을 잘 활용해라. 상황에 맞는 의상의 선택과 자신의 단점을 극복하는 외모 전략이 성공을 부른다. 자신의 외모를 가꾸기 위해 과하지도 모자라지도 않는 노력을 들여라. 자연스러움이 최대의 아름다움이다.

7. 적을 만들지 말아라.

적을 만들지 않는다는 것은 줏대 없는 사람처럼 누구에게나 '오냐오냐'한다는 의미가 아니라, 다른 사람의 마음을 다치게 하지 않는 것이다. 일에 대한 명확한 지침을 주거나 지적은 할 수 있지만 인신공격으로 모멸감을 주지 말아라. 아무리 일로 부딪혀도 상대의 자존심을 건드리지 않는다면 멀어질지언정 적은 되지 않는다. 세상에서 제일 훌륭한 사람은 위대한 사람도, 대단한 석학도 아닌 바로 '나에게 잘해 주는 사람'이라고 한다. 어떤 순간에도 인간적인 예의를 다해라.

8. 가장 약한 사람들을 귀하게 대하라.

한 사람의 위대함은 그가 얼마나 많은 사람들에게 도움을 주었는 가로 평가된다고 한다. 자신이 처한 곳에서 가장 약하고 힘없는 사람이 누군가를 늘 살펴라. 가장 낮은 곳에 있는 사람들을 가장 귀하게 대해라. 청소하는 이들에게, 경비 아저씨에게, 식당 아주머니들에게 베풀어라. 물자는 인생과 마찬가지로 순환한다. 내가 준 것은 어떤 형태든 결국 돌아온다. 나한테 돌아오지 않으면 자식에게라도 반드시 돌아온다는 것을 기억하거라.

9. 따뜻하게 포옹하라.

　포옹은 정서적 커뮤니케이션을 가능하게 한다. 물론 지금 시대에 위험한 행동이라고 할지 모르지만 진심은 어디에서도 통한다. 진심을 담은 따뜻한 위로의 포옹은 결단코 위험하지 않다. 가족에게든 친구에게든 동료에게든 제자에게든 포옹이 통한다면 그것은 그동안 따뜻하게 잘 살았다는 증거다. 포옹은 상대를 무장해제 시킨다. 진심을 다해 위로하고 포옹해라. 따뜻하게 안아 주는 행위는 따뜻한 마음과 정서를 만들어 낸다.

10. 매일 독서하라.

　독서는 올바른 판단을 할 수 있는 힘을 준다. 독서는 성공을 부르는 최고의 습관이다. 독서는 지식을 주며, 바로 서게 하고, 지혜롭게 한다. 게다가 독서는 사랑이다. 사랑하는 사람들을 위해 육아책도 읽고, 교육책도 읽고, 요리책도 탐독한다. 독서를 통해 세상은 서로 연결될 수 있음을 잊지 말아라. 그러므로 책 읽는 것을 밥 먹는 것처럼 여기며 살아라. 매일 조금씩 읽는 책이 너를 건강하게 할 것이다.

힘을 주는 한 마디

너에게 착해져라

　너의 결혼을 앞두고 지난날들을 돌아보니 슬펐던 일, 화났던 일, 속상했던 일, 가슴을 쓸어 내렸던 일들도 많았을 텐데, 지금은 좋았던 일, 고마웠던 일, 미안했던 일만 생각이 나는구나. 너는 엄마, 아빠의 딸로서 정말 최선을 다했다. 가끔은 울퉁불퉁 속을 긁기도 했지만 너는 언제나 책임을 다하는 착한 딸이었으며, 착한 누나였고, 착한 손녀였다.

　엄마는 '착하다'는 말이 좋다. 요즘 같은 험한 세상에서는 착한 것을 어리숙한 것, 손해 보는 것처럼 말하지만 착하다의 의미는 '마음이 곱고 어질다'는 것이다. 비단처럼 고운 것, 그게 우리 딸의 마음결

이길 바라며 너를 키워왔다. 그리고 내 사위와 손주들도 그 마음결로 살아가기를 진심으로 소망한다.

 사람이 사람다운 것은 '어짊'이 있기 때문이라는 공자님 말씀이 아니어도 엄마의 경험으로 볼 때 어짊과 착함은 인간을 인간되게 하고, 가정을 가정되게 하고, 사회를 사회되게 하는 가장 소중한 가치다. 게다가 착하게 행동해서 쌓은 선업(善業)은 반드시 되돌려 받는 것이 세상 이치다. 내가 받지 못하면 내 자식에게, 내 손주에게라도 반드시 복으로 돌아간다니 이보다 더 경건한 약속이 어디 있겠니? 어질고 고운 마음으로 사람을 품고 사랑하며 사는 것, 그것이 인간이 인간의 존엄성을 지키며 가장 인간답게 사는 길이다.

 그런데 오늘 엄마는 가슴을 친다. 익숙한 사람들과의 익숙한 날들을 뒤로 하고 낯선 사람들과의 새로운 삶을 위해 짐을 꾸리는 내 딸이 한없이 애처롭기만 하다. 착한 내 딸은 또 착한 아내, 착한 며느리, 착한 엄마가 되기 위해 얼마나 애를 쓰며 살아갈까 생각하니 가슴이 먹먹해지는구나. 착한 사람 되라고 타이르며 가르치던 지난날이 후회스럽기만 하다.

 착한 내 딸아! 그동안 엄마, 아빠의 착한 딸로 사느라 고생 많았다. 그러나 이제부터는 누군가의 착한 사람으로 살려 하지 말렴! 이제 너는 낯선 곳에서 새로운 삶을 살아야 한다. 그곳에서의 삶은 어쩌면 외롭고 고될지도 몰라. 때에 따라서는 남편도, 가족도 위로가 되지 않을 수도 있을 거야. 그러므로 이제부터 무엇보다 먼저 너 자신을 어진 마음으로 대해야 한다. 비단처럼 부드럽고 따뜻한 마음으로 너의 내면의 소리를 귀담아 듣고, 그 소리에 반응해야 한다. 지치고 힘든 너에게 먼저 착해지지 않으면 아무도 너를 착하게 대하지 않을지도 몰라. 그러니 다른 사람에게 착해지려 하지 말아라.

학교 뒷산 산책하다 반성하는 자세로
눈발 뒤집어 쓴 소나무, 그 아래서
오늘 나는 한 사람을 용서하고
내려왔다. 내가 내 품격을 위해서
너를 포기하는 것이 아닌

<황지우 : 소나무에 대한 예배 중에서>

　엄마가 힘들 때, 미움이 복받칠 때, 오기로 독해질 때 가끔 외우는 시다. 세상 모든 일은 다른 누구를 위해서가 아니라 결국은 나를 위해서다. 착함도 결국은 나의 품격과 나의 행복을 위해 내 마음을 스스로 움직이는 것이다. 나를 포기하는 것이 아니라, 나를 온전히 느끼면서 따뜻함 그대로를 간직하고 세상을 보는 것이라는 말이다. 너를 있는 그대로, 그리고 네 남편과 그의 가족을 있는 그대로 받아들이고 온전하게 마주 하는 것은 그들을 위해서가 아니라 너의 품격을 위해서다.

'착하다'는 것은 몸으로 행하는 동사가 아닌 마음으로 느껴야 하는 형용사다. 내 마음이 허락하지 않는데 의무 때문에 착하게 행동한다면 그건 이미 착한 것이 아닐 게다. 마음이 움직이지 않는데 공연히 착한 며느리, 착한 아내 되겠다고 서성이지 말거라. 마음의 움직임이 없이 겉으로만 착한 척 행동한다면 너의 정신은 피폐해지고 자존감은 떨어지게 될거야. 그러니 네 마음이 부드럽게 움직이지 않으면 절대 누군가를 위해 착하게 살지 말아라.

그럼에도 엄마는 내 딸이 너와 네 가족을 그리고 네 이웃을 비단같이 고운 마음결로 느끼는 형용사로서의 착함을 가지고 살았으면 좋겠구나. 그래야 네가 행복하고 품격 있어지기 때문이다. 누군가를 위해서가 아니라 자신을 위해서 어질고 착하게 살아가렴. 눈을 감고 따뜻한 너의 얼굴을 포근히 감싸도 보고, 지친 어깨도 한번 토닥여 주고, '쓰담쓰담'도 해 주어라. 혹 착한 네가 지쳐 있거든 선물도 주고, 휴식도 주고, 위로도 해 주며 살아라. 그것이 네가 진정으로 착한 사람이 되는 방법이다.

착한 내 딸아! 엄마는 오늘 애처로움을 접으려 한다.
따뜻하고 착한 마음을 지닌 어른으로 성장하여 새가정을 꾸리려 하는 너에게 축복을 보낸다.

너의 오늘을 귀하게 대하라

'중요한 것을 먼저 할 것인가? 급한 것을 먼저 할 것인가?'

네가 중학교 때인가? 온 가족이 밤늦게까지 토론을 벌였던 주제가 생각난다. 토론을 좋아하는 우리 가족은 다양한 논쟁거리로 격론을 벌이곤 했었지. 너희들이 논리적이고 분석적이라는 소리를 듣는 것도 이런 경험 덕은 아닐까 생각해 본다. 늘 그러하듯 아빠와 엄마 그리고 너와 네 동생이 2:2의 치열한 논쟁을 벌였었다. 어쨌든 격론 끝에 중요한 일을 먼저 해야 한다는 결론을 냈던 기억이 난다.

그럼에도 우리는 중요한 것보다는 급한 것에 치여 사는 경우가 허다하다. 게다가 중요한 것을 가릴 줄 아는 혜안조차 부족함으로 해서 정작 중요한 것을 놓치고 산다.

생각해 보면 중요한 것은 모두 급하다.

불이 났을 때 불을 급하게 꺼야 하는 것은 생명과 재산이 직결된 중요한 문제이기 때문이다. 그러나 급한 것이 모두 중요하지는 않다. 오히려 중요한 것은 가치나 철학, 때에 따라서는 사회 문화적 환경에 따라 전혀 급하게 취급되지 않기도 한다. 그러므로 부부라면 삶에 있어 정말 중요한 것이 무엇인지에 대한 끊임없는 대화가 필요하다. 중요한 것에 대한 우선순위는 가치관과 철학을 바탕으로 하기 때문에 이것이 공유되지 않으면 부부 갈등의 원인이 된다.

네가 결혼하면 아마도 두배 세배로 바빠질 것이다. 직장일도 해야 하고, 가정일도 해야 하고, 새로운 문화에 적응도 해야 하고, 아이도 가져야 하고, 가족 기념일도 2배가 되어서 늘 시간에 쫓기게 될 지 몰라. 그러다 보면 중요한 것보다는 급한 일에 치여 살 수도 있겠지. 그래서 엄마는 너에게 하루 일과에 대한 우선순위를 정하는 시간을 짧게라도 가지기를 권한다. 그리고 네 남편이나 자식들과 함께 중요한 것들에 대해 마음을 터놓는 대화의 시간을 자주 가지기를 바란다.

사람마다 중요한 것이 다르겠지만 엄마와 아빠는 나를 포함한 가족의 행복을 가장 중요한 자리에 두고 살았다. 누구나 그러하듯 엄마, 아빠의 젊은 날은 고단했다. 단칸 셋방에서 출발한 신혼생활, 보채는 어린 너희들을 두고 출근해야 했던 아픈 발걸음, 맏며느리로서

버거운 짐, 직장과 가정의 병행으로 오는 물리적 시간 부족들로 늘 허둥허둥 살았던 것 같아. 아빠 역시 일하면서 하는 공부, 맏아들로서의 무거운 책임, 가난하고 힘겨운 유학생활, 자식들에게는 넉넉함을 주고 싶은 가장으로서의 무거운 짐으로 만만치는 않았을 것이다.

그러나 아무리 고단한 일상이어도 엄마, 아빠가 잊지 않았던 것은 엄마, 아빠의 오늘은 더 나은 미래를 위한 투자지만 너희들이 맞이하는 '오늘'은 다시는 돌아오지 않을 '중요한 삶'이라는 것이다. 그래서 엄마, 아빠는 바쁘고 힘든 짬짬이 너희들의 삶을 살찌우기 위한 것들은 하나도 놓치지 않으려 노력했다. 너희들이 기억하는 크리스마스며, 야외생일파티며, 보름날 쥐불놀이며, 가족여행이며 소소하지만 결코 흔하지 않은 추억들은 엄마, 아빠가 너희들에게 선물로 준 '오늘'들이다.

또 엄마, 아빠는 서로 위로하고 사랑해야 하는 오늘을 결코 뒤로 미루지 않았다. 오늘의 위로와 오늘의 사랑은 오늘 해야 할 가장 중요한 일이라고 믿었기 때문이다. 서로의 오늘을 귀하게 지켜주며 하루하루 살았다고 생각한다.

사랑하는 딸아!
네가 해야 할 모든 일들 중에 가장 중요한 것은 너의 오늘을 귀하게 대하는 것이다. 또다시 만날 수 없는 너에게 찾아온 오늘을 서운하게 보내지 말아라. 가족을 위해 열심히 사는 것도 행복하지만, 문득 '이게 행복인가?' 싶을 때도 있을 거야. 그러면 너의 오늘에게 잠시 정성을 쏟아라. 가끔은 최고급 요리도 먹으러 가고, 손뼉 치며 좋아할 친구도 만나고, 멋진 옷도 사 입어라. 어느 날은 눈 질끈 감고 오페라도 보고, 까짓것 집이 싫으면 여행도 떠나렴. 내일 잘 살겠다고 너도 네 가족도 원하지 않는데 오늘 너무 허리띠 졸라매지 말아라. 내일의 만찬을 위해 오늘의 너를 너무 남루하게 버려두지 말라는 말이다.

가난한 신혼시절 아빠와 시댁에 돈 쓰는 문제로 크게 싸운 적이 있었어. 시댁 식구들에게 더 잘해야 한다는 아빠의 지나친 요구에 겨울 코트도 없이 버티는 내 근검절약이 너무 억울해서, 10원 때문에 동동거리는 내가 너무 처량해서 한 달 봉급보다 더 비싼 옷을 맞추어 입었지. 물론 홀쭉해진 지갑을 보고 바로 후회했지만 이상하게도 그 후회가 가족에 대한 미안함이 되고 그것이 헌신으로 바뀌더구나.

그래서 가끔은 가족이나 남편에게 빚을 지고 사는 것도 좋다. '나는 이렇게 고생하는 데, 당신들은 도대체 뭐냐?' 하는 마음은 오만을 부르지만 적절한 부채감은 겸손을 만들거든. 상대를 죄책감 들게 하면서 베푸는 사랑은 사랑이 아닌 고문이다. 사랑은 행복한 감정의 표현임으로 해서 내가 높은 자존감으로 행복해야 사랑하는 이들의 자존감도 지켜줄 수 있단다. 엄마는 그때 그 깨달음을 잊지 않고 있다. 남편이든, 시댁이든, 자식에게든 마구 잔소리하고 공치사하기 시작하면 나의 자존감이 떨어져 있거나 나의 오늘이 안녕하지 못하다는 증거다. 그럴 때면 망설이지 말고 너를 위해 호사를 베풀거라.

영원히 살 것처럼 꿈꾸고, 오늘 죽을 것처럼 살아라.
Dream as if you'll live forever. Live as if you'll die today.
<James Byron Dean>

네가 고등학교 시절 네 책상 위에 붙여 놓았던 글귀다. 10대들에게 조금 조숙하지만 너에게는 가슴 뜨겁고 치열한 글귀였을 것이다. 그때 네가 그 말을 써 둔 것은 오늘을 소중하게 보내겠다는 것이라기보다 죽기 살기로 치열하게 공부하겠다는 의미였을 거라고 생각하면 그 시절이 눈물겹다. 어쨌든 사람에게는 오늘보다 나은 내일이 있기 때문에 삶이 의미 있다고도 하지만 내일도 결국은 오늘의 연장일 뿐이다. 또 '나의 오늘은 어제 죽어간 이가 그토록 살고 싶었던 내일'이기도 하다. 그러니 너의 귀중한 오늘에게 최선을 다해라.

엄마의 경험으로 40대까지는 추억을 만들며 살고, 50대 이후에는 추억을 먹고 산다. 지금 엄마는 20대의 가난했지만 낭만이 있던 연애와 신혼시절, 고달팠지만 매순간 새로운 일들로 설렜던 30대의 미국

생활, 그리고 너희들과 함께 발버둥 치며 터널을 지나던 40대의 모든 순간들을 아름답게 추억하며 산다. 후회도 미련도 없다. 고단한 날들도 많았지만 모든 추억 속의 '오늘'에 가족이 있었고 사랑이 있었기 때문이다. 그리고 그 오늘들에는 고난도 슬픔도 기꺼이 선택했고, 그 선택을 소중하게 지켜온 행복한 내가 있다.

딸아, 오늘 소중한 것을 오늘 소중하게 하거라.
더 큰 만족을 얻기 위해서는 지금을 참고 견디는 '만족의 유예'도 필요하다만, 이것 역시 오늘을 사는 네가 고민하고 선택할 일이다. 자신이 선택하지 않았거나, 불행한데도 내일을 위해 오늘의 기쁨을 모른 척 하는 것은 만족을 유예하는 것이 아니라 만족을 포기하는 것이다. 만족의 유예는 다가올 행복을 위해 너와 네 가족이 서로 합의하여 선택하여 결정할 때 의미가 있다. 자발적인 만족의 유예만이 내일의 더 큰 행복과 만족을 가져다준다. 오늘이 행복하지 않으면 미래의 행복도 없다는 것을 잊지 말아라. 미래는 오늘이라는 점들로 연결된 연장선상에 있기 때문이다. 네가 해야 할 가장 중요한 일은 너의 행복을 위해 오늘 할 일을 오늘 당장 하는 것이다.

이 또한 지나가리라

　용맹의 상징인 다윗왕은 교만하지 않고, 좌절하지 않고, 용기와 희망을 줄 글귀가 새겨있는 아름다운 반지를 만들어 오라고 명령했다. 보석세공사는 반지는 만들었지만 적당한 글귀를 찾지 못해 지혜로운 솔로몬 왕자에게 도움을 청했다.

　'이 또한 지나가리라.'
　솔로몬 왕자가 준 글귀다. 일희일비(一喜一悲) 하지 않고 삶을 대범하게 받아들이라는 인생의 지혜를 이보다 간명하게 표현한 말이 있을까? 살다보면 참으로 많은 일들을 겪으며 하루하루를 보낸다. 기쁜 날, 행복한 날도 많지만 슬픈 날, 분한 날, 억울한 날, 우울한 날도 그만큼 있다. 때로는 삶을 뒤흔들어 놓을 만큼 절망적인 날들이 찾아오기도 한다. 그럼에도 그게 인생이다.

그러나 다행한 것은 복도 재앙도 시련도 총량의 법칙에 따라 나누어 갖게 된다는 것이다. 일생동안 한 인간이 가지는 복과 시련의 총량은 누구나 같다. 다만 사람마다 강도와 색깔이 다른 감수성으로 무엇을 더 강하게 기억하느냐에 따라 달라지기도 하고, 찾아오는 시기에 따라 다르게 작용하는 것이다. 살아보니 복의 총량의 법칙은 언제나, 누구에게나 예외 없이 공평하게 통용된다. 과하면 반드시 넘치는 날이 오고, 골짜기가 깊으면 정상도 높으며, 모자라면 채워주는 것이 세상의 이치다. 다만 기다리는 고통과 지루함을 잘 견딜 수 있다면 말이다.

누구에게나 시련은 있다. 아무리 행복해 보여도 아무 고통도 시련도 없는 사람은 없다. 그러나 다행스럽게도 세상에 견딜 수 없는 시련은 없다. 신은 시련도 축복도 감당할 만큼 주신다고 약속하셨다. 인생이 누구에게 특별히 호의적이지 않듯이, 그렇다고 특별히 악의적이지도 않다는 말이다. 그래서 인생은 살만하다.

살아보니 어쨌든 모든 일들은 지나가더구나. 그것이 아무리 크고 무거울 지라도, 아무리 깊고 어두울지라도, 아무리 빛나고 황홀할지라도 시간은 그것을 데리고 간다. 아무리 어려운 일이 있어도 하루 이틀 지나면 그토록 선명하던 느낌은 점점 옅어지기 마련이다. 마찬가지로 찬란한 성공이나 승리도 잠깐 사이에 허망한 먼지가 되는 날들이 얼마나 많았는지.

그래서 시간은 가장 훌륭한 스승이며 가장 따뜻한 위로다.

돌아보면 엄마의 결혼생활도 참으로 많은 우여곡절이 있었다. 너희들은 기억하지 못하는 경제적인 문제로, 엄마 아빠의 기질 차이로, 힘들게 사춘기를 보낸 네 동생 일로, 쓰나미처럼 찾아온 너의 문제로, 맏며느리의 무거운 짐으로, 허둥지둥 견뎌온 직장일들로 어렵고 힘든 날들도 많았다. 어떨 때는 절망적이기도 하고, 어떤 때는 깊은 슬픔과 외로움에 빠지기도 했다. 또 어떤 때는 황후처럼 대우 받기도 하고, 세상에서 이보다 더 큰 성공을 누릴 수 없을 것 같은 환희의 날도 많았다. 그 순간에는 이보다 더한 일은 영원히 없을 것 같이 아파하기도 하고, 우쭐하기도 했지만 지나고 보니 모두 기억 저편의 추억이 되었다.

엄마는 삶을 동굴을 파며 가는 것이 아니라 터널을 뚫고 가는 것이라고 생각한다. 어려움에 부딪혔을 때 인생을 동굴이라 생각했다면 견딜 수 없었을 거야. 그렇지만 터널을 지나가는 것이려니 생각하면 그럭저럭 견딜만 하더구나. 터널이 그리 길지 않기를 소망하며 앞으로 가다 보니, 빛도 보이고 쉼터도 있었다. 비록 또다른 터널을 지난다 해도 그 길은 좀더 좋은 길로 가기 위한 지름길이라 생각하며 위로했다. 터널을 거치지 않으면 그만큼 먼 길을 돌아갈 수도 있으니 '감사하다' 생각하며 걸었다. 어려운 일이 생기면 이 정도의 아픔과 고통은 목표에 도달하기 위한 당연한 과정이라고 생각하렴. 대가 없는 일은 없듯이 비용이 지불되지 않는 기쁨은 없단다. 앞이 깜깜해지면 '터널이구나' 생각하고 열심히 앞을 향해 걸어가거라. 터널은 반드시 밝은 곳으로 연결되어 있으니 실망도 좌절도 금지다.

    엄마가 한때 문학소녀라고 폼 잡던 시절, 그리고 지독한 가난으로 늘 우울하던 시절 공책 앞장마다 써 놓은 '삶이 그대를 속일지라도'라는 시가 생각나는 구나.

삶이 그대를 속일지라도 슬퍼하거나 노하지 말라.
슬픈 날을 참고 견디라.
즐거운 날이 오고야 말리니.
마음은 미래에 사는 것
현재는 언제나 슬픈 것
모든 것은 한 순간에 사라지고
지나간 것은 훗날 그리움이 되리니.

                             <알렉산드로 푸쉬킨 : 삶이 그대를 속일지라도 중에서>

생각해보면 그동안 엄마 인생에 찾아왔던 많은 시련들이 축복으로 바뀌었던 것은 그 시련들을 필연적인 축복의 전조라고 받아들이고 친구처럼 대했기 때문이라고 생각한다. '왜 나에게만 이런 시련이 오나?' 생각이 들 때도 있었지만 한 걸음만 앞으로 나가보면 감사로 바뀌는 경우가 너무나 많았다. 그리고 지나간 것들은 훗날 반드시 그리움이 된단다. 그래서 사람들은 다시는 돌아가기 싫은 힘겨운 시절조차 때로 추억하며 사는 지도 모르겠다.

사랑하는 나의 딸아!
어려운 일이 생기면 외치거라. 자랑하고 싶은 일이 있어도 겸손하게 외치거라.
'이 또한 지나가리라!'

무소의 뿔처럼 혼자서 가라

소리에 놀라지 않는 사자같이
그물에 걸리지 않는 바람같이
물에 더럽혀지지 않는 연꽃같이
무소의 뿔처럼 혼자서 가라.

<숫타니파타 중에서>

'무소의 뿔처럼 혼자서 가라'는 소설도 있지만 엄마는 이 말을 소소한 일에 마음 흔들리지 말고 정도로 가란 말로 이해하고 마음에 새기며 살았다. 이 말을 가장 자주 외치던 시절은 너희들이 어려서다. 주변에서 너희들을 잘 키우기 위해서는 '이래야 한다, 저래야 한

다.' 온갖 유혹의 말과 겁주는 말을 할 때 엄마 스스로에 대한 위로와 결심은 바로 이 경구였다. 남에게 끌려가지 않고 나의 길을 가는 것이 때로 외롭다 해도 외롭지 않은 사람이 어디 있으랴 생각하며 버텼다.

살다보면 아이들 교육 방식, 남편과의 관계, 가정문화에 관한 엄청난 정보와 수도 없는 성공담과 실패담을 듣게 된다. 남편과의 관계 맺기, 가정의 질서 유지와 역학관계에 대해서 세상의 부부 수만큼 많은 경우의 수가 있을 테고, 행복한 가정, 행복한 부부생활, 성공한 자녀교육, 효율적인 직장 여성의 가정살림에 대해서도 수많은 경험자가 충고하고, 지도할 것이다. 엄마가 쓰는 이 책도 그 중에 하나가 될지 모른다. 그러나 아무리 좋은 음식을 먹어도 소화시키지 못하면 탈이 나듯 네 것이 되기 어려운 것들을 섣부르게 따라 하다가는 너와 가정이 탈날지 모른다.

결혼해서 한 달 되던 날 아빠와 돈 문제로 크게 싸운 이야기 했던가? 싸우고 속상할 때 화를 풀어줄 한 사람은 있어야 하니 엄마도 친구한테 하소연했고 아빠도 그리 했겠지. 엄마 친구의 조언은 '절대 밀리지 마라. 한번 사과해 버릇하면 평생 괴롭다.'였다. 아빠 친구의 조언은 '절대 밀리지 마라. 초장에 기 꺾지 않으면 평생 괴롭다.'였다. 그래서 하루면 화 푸는 엄마, 아빠가 몇 일간 냉전으로 버텼다. 누가 먼저 꺾였는지 잘 기억은 나지 않지만 기를 꺽은 사람이 크게 기피고 살지 않는 것을 보니 그 조언도 그다지 맞는 것 같지는 않다.

직장생활로 늘 바빴던 엄마는 이웃 분들의 여러 가지 정보에 늘 기가 죽곤 했었다. 그 분들은 세상 물정에 어찌 그리 밝은지 그대로 하지 않으면 너희들만 쳐지는 것은 아닌 지 불안했다. 직장에서는 제법 유능하다는 소리를 듣는 엄마지만 너희들에 관한한 다른 엄마처럼 해 주지 못해 미안해하며 쩔쩔맨 적도 많았던 것 같아. 살림 노하우며, 옷 입는 센스며, 요리 정보며, 재테크도 놀라웠다. 그렇지만 엄마는 나를 믿고 '무소의 뿔처럼 그렇게 가리라' 결심하곤 했었다. 어쩌면 포도를 따 먹을 수 없었던 여우의 '신포도의 비유'처럼 어찌할 수 없는 상황에서 자기위안이었는지도 모르겠다. 어쨌든 엄마는 세상에 떠도는 수많은 정보에 끌려 다니지 않으려 노력하며 살아왔고, 그 덕에 그나마 지금의 평안과 행복을 누리고 있다고 믿는다.

엄마의 조언은 이것이다.
무엇이든 네가 1년 이상 지속할 자신이 없는 것에 섣불리 마음 두지 말아라. 아무리 좋은 일이라도 너의 환경이나 생활 리듬과 맞아야 하고, 너의 성격과 너의 철학이 뒷받침 되어야 지속성이 생긴단다. 그러니 섣불리 팔랑귀 가지지 말거라. 너를 믿고 너의 판단에 귀 기울여라. 너의 지혜와 속 깊은 마음이 가는 곳이 정도(正道)다. 너희들이

가는 그 길이 네가 사는 시대의 바른 길이 될 것이다.

　세상의 모든 일은 정도는 있지만 왕도는 없다. 정도란 본질을 향해 바르게 가는 길이라면, 왕도는 가장 쉽고도 좋은 길이겠지. 그러나 세상에 언제나 꽃길만 걷는 왕도는 없단다. 다만 어떤 순간에도 사람답게 살기 위해 노력하며 걷는 네 발자국이 만들어내는 너의 길이 있을 뿐이다.

　애초에 길은 없다. 다만 숱한 사람들이 걸어가는 그 길이 길이 될 뿐이다. 그러니 어떤 상황에서도 바른 생각을 가지고 바른 행동을 하며 가거라. 소리에 놀라지고 말고, 그물에 걸리지도 말고, 물에 더럽혀 지지도 말고, 남의 말에 휘둘리지도 말고, 더더욱 남이 만들어 놓은 행복에 마음 쓰지 말아라. 삶은 공평하단다. 네가 가진 것에 만족하며 네가 생각한 것, 네가 추구하는 것을 향해 무소의 뿔처럼 가거라.
　그것이 인류의 또다른 지혜로 쌓여 또하나의 아름다운 길이 될테니.

절대
외로워지지 마라

외롭지 않으려 한 결혼인데 살다보면 무인도에 혼자 동그마니 떨어져 있는 것 같을 때가 있다. '사람들 사이에 섬이 있다'는 정현종의 시처럼 결혼을 해서 소위 '일심동체'가 되어도 둘 사이에는 여전히 섬이 있다. 삶에 어찌 그늘이 없을 것이며 눈물이 없겠느냐만, 누군가 곁에 있는데도 느끼는 외로움은 더 깊고 아프다. 어쩌면 외로움은 인간의 숙명인지도 모른다. 역설적이게도 외로움이 없다면 결혼제도도 없었을 것이다. 살아보니 외로움도 눈물도 부부의 사랑을 깊어가게 하는 선물이라는 것을 이 나이가 되어서야 알게 되는구나.

엄마가 아빠와 부부로 살면서 가장 크게 외로움을 느꼈을 때는

'그가 벽처럼 느껴질 때', '그의 뒷모습을 보아야 할 때', '그가 내 삶의 의지를 꺾었을 때'였던 것 같다. 아빠가 무슨 생각을 하는 지, 무엇을 꿈꾸는지, 또 무엇을 그리 치열하게 고민하는지 엄마는 이해조차 하지 못할 때 정말 외로웠다. 축 처진 그의 어깨에 차마 내 손을 얹지 못할 때, 무엇보다 나의 의지가 꺾여 한없는 '비루함'에 빠져들 때 정말 외로웠다. 아빠는 무언가를 성취해서 성큼성큼 가고 있는 데, 나는 아빠의 뒷모습을 보며 마치 가위 눌린 것처럼 그 자리에서 한 발짝도 움직이지 못할 때 정말 외로웠다. '당신은 몰라도 돼.' 엄마가 가장 싫어하는 말이다. 이 말은 곧 엄마만의 혹은 아빠만의 섬에서 혼자 살아가게 될지 모른다는 신호로 느껴지기 때문이야.

아빠가 들으면 서운하다 하겠지만 엄마가 '외로움이란 이런거구나!' 강렬하게 느꼈을 때가 있었어. 아빠 유학시절 박사 마지막 심사를 마치고 아빠는 들떠서 엄마에게 전화를 했다. 4년간의 가난한 유학생활을 마치고 돌아갈 수 있게 되었으니 얼마나 기뻤겠니? 그런데 그날 밤 이상하게 엄마는 잠이 안오더구나. 중국집 접시도 닦고, 아파트 청소도 하고, 도매상 점원도 하며, 그토록 치열하게 뒷바라지해서 그는 박사가 되었는데 나는 무엇을 얻었는가 왈칵 눈물이 났지. 엄마는 지금도 그때를 기억해. 어쩌면 그건 외로워질지도 모른다는 두려움이었을 거야. 아빠가 살아갈 새로운 세상을 바라만 볼 수밖에 없을 것 같은 분리의 두려움 말이야. 사람들 사이에 섬이 있다는 말은 아마도 이런 분리의 느낌일 거야. 엄마는 그때 생각했어.
 '절대 외로워지지 않으리라. 그 섬으로 내가 가리라. 그리고 그를 그 섬으로 오게 하리라!'
 외로움은 스스로 극복해 내야 하는 고독한 숙제다. 그러니 나를 외롭게 두었다고 남의 탓 하느라 아까운 시간을 낭비하지 말아라. 진실로 외로움을 극복하는 방법은 내가 단단해지고 알차지는 것이다. 그리하여 그 섬으로 가는 것을 두려워하지 않는 것이다.

 한국에 돌아와서는 아빠는 차례를 잘 지켜 주었다. 아빠의 지원으로 엄마는 학위도 받고, 직업적 성취도 이루며 외로울 틈 없이 지냈다. 그러면서 엄마와 아빠는 대화가 통하는 친구로, 따뜻한 동반자로, 건강한 비판자로, 지혜로운 조언자로 함께 성장했다. 우리 사이에 섬이 있지만 그 섬은 갈 수 없는 곳이 아니라 서로의 꿈을 키우는 장소며, 서로를 성장시키는 매개물이 되었다.

 너희들은 아빠가 출장가면 엄마 혼자 외롭지 않느냐고 걱정하지만 외로움은 육체적 분리보다는 정신적 분리에서 더 많이 느껴진다. 몸이 함께 있어도 정신이 함께 있지 않을 때 더욱 외로운 법이거든. 정신이 함께 있다면 몸의 분리는 외로움이 아니라 오히려 호젓함이다. 가끔씩 즐기는 호젓함은 일상의 사치며 축복이고 삶을 빛나게 한단다. 그렇다고 이런 호젓함에 지나치게 자주 빠지지는 말거라. 부부라면 뼛속까지 깊어지는 외로움이 홀가분함이 될 때까지 방치하면 안 된다.

　생판 다른 환경과 생각을 가진 남남이 만나 한 가정을 이루며 사는 것이 결혼이니 함께 살면서 얼마나 불편한 것이 많겠니? 때로는 외로움이 구원일 때도 있고 혼자 견디는 것이 오히려 축복처럼 생각될 수도 있어. 그러나 불편함을 줄이기 위해 함께 참아낸 시간들이 쌓여 부부가 되는 것이다. 그래서 부부는 정신이든 육체든 가능하면 함께 있어야 한단다. 그러니 절대 외로워지지도 말고 외롭게 두려고도 하지 말아라.
　그것이 부부의 예의다.

인문학적 결혼 풍경

# 측은지심과
역지사지로 만드는 따뜻함

　사람을 만나고 또 그 사람과 같은 공간에서 같은 꿈을 꾸며 살아야 한다는 일이 결코 쉬운 일이 아니다. 나도 내가 제어가 안돼서 자신감이 있다가 없다가, 내가 좋았다 싫었다 하는 데 하물며 남이 어찌 한결같이 좋기만 하겠느냐. 누구를 만나도 살아가는 어려움과 행복은 비슷할 것이다.

　내가 힘들면 상대도 힘들고, 상대가 단점이 열이면 나도 열이다. 그게 세상 이치다. 완전한 선은 없고 완벽한 해결책도 없다. 이 세상 모든 일들이 완벽하지 않으니 부족한 면만 보면 그게 전부인 것처럼 보여 한심해 보이고 화가 날 수 있다. 결국 사람은 자신의 마음 그릇만큼 행복을 누리며 살게 된다. 네가 성인이기 때문에 결혼생활에 무슨 커다란 충고가 필요하겠냐만 그래도 엄마로서 너의 결혼을 위한 충고는 이것이다.

'언제든, 어느 순간이든 역지사지와 측은지심을 가져라.'

네가 가끔 엄마는 마음이 넓다고 말하곤 하지. 사실 어떨 때는 그 말이 칭찬이라기보다 줏대 없는 사람이라는 뜻 같아 마냥 좋지 않을 때도 있어. 어쨌든 엄마는 난감한 상황이 생기면 습관처럼 상대의 마음이나 그럴 수밖에 없는 상황을 이해하려 노력한다. 또는 이미 일어난 나쁜 상황이거나 상대의 나쁜 행동이라도 '그럴 수 있어' '충분히 이해해' 하고 털어버린다.

누구는 고슴도치처럼 날을 세워 자신을 보호하기도 한다지만 엄마는 그 정도로 강하질 못하니 어쩌겠니. 미워하거나 싸워야 하는 상황이 되면 내가 우울해 지고, 감정이 격해지면 논리를 잃어버리고 당황하게 되니, 빨리 이해하고 측은해 하는 것이 나름의 생존 수단이 된 것 같기는 하다. 어쩌면 엄마는 마음이 넓어서가 아니라 소심한 자기 방어로 '역지사지'와 '측은지심'을 선택하며 살았는지도 모르겠다. 엄마 지인과 남편과의 결혼생활의 어려움을 극복한 이야기를 하다 '포기만이 살 길이다'라는 명언을 날리더구나. 어쩌면 역지사지와 측은지심은 기대와 분노를 '포기'하는 소극적인 방법이 아니라, 마음 그릇을 넓혀 '수용'을 극대화하는 적극적인 방법일 것이다.

되돌아 생각해 보니 역지사지와 측은지심이야말로 엄마가 가정에서든 직장에서든 나름 행복하게 살아온 비결이고, 내가 행복해지고 품격 있어지는 최고의 방법이기도 했다. 삶은 그 자체가 고난이고 사람은 존재 자체가 측은함으로 서로 위로하며 살라고 결혼제도가 생긴 것은 아닐까 생각이 든다. 오랜 부부는 사랑보다 '인간애'로 산다는 말이 있지. 오래 살다보면 가족을 등에 지고 평생 어쩔 줄 몰라하며 달려온 남편과 아내가 서로 측은해 보이기 시작한단다. 그게 오래된 부부의 사랑법이다.

맹자는 4단설(4端設)에서 불쌍히 여기는 마음(측은지심:仁), 수치스러워 하는 마음(수오지심:義), 사양하는 마음(사양지심:禮), 옳고 그름을 아는 마음(시비지심:智)이 없으면 사람도 아니라고 했다. 그 중에서도 불쌍하게 여기는 측은지심을 어짐의 극치라고 강조했다.

늦게 퇴근해 홀로 식탁에서 밥 먹는 남편의 모습이 측은해지지 않으면 사랑이 식은 것이라는 지인의 말이 생각난다. 시어머니일로 말다툼을 할 때도 어느 편도 못 드는 맏아들이자 남편인 아빠가 나보다 더 힘들겠지 역지사지 해보면 측은한 생각이 든다. 할머니께서 할아버지 제사 음식에 참견하는 것 귀찮다가도 '만약 내 남편 제사라면 평소에 좋아하던 것 조금이라도 더 놓고 싶을 거야'. 역지사지 해보면 할머니의 정성이 애틋해진다. 세상 모든 일들이 역지사지 해보면 이해가 가고, 이해가 가면 측은해 진다. 그래서 역지사지할 수 있는 사람은 측은지심도 가지며 살 수 있는 것 같아.

그렇지만 측은지심은 단순히 져주는 것, 약자에게 던지는 얄팍한 동정심과는 다르다. '옛다!'하고 져주는 것은 겉만 그런 거거든. 그렇지만 측은지심은 마음이 통째로 움직이는 것이란다. 마음이 통째로 너그러워 지는 것, 그래서 내 삶과 그의 삶이 넉넉해지는 것이지. 그래서 측은지심이야말로 삶을 따뜻하게 하는 가장 중요한 철학이다.

또 역지사지는 나를 성장시키는 삶의 지혜다. 역지사지 않고 내 방식만 고집하다가 망신을 당하기도 하고, 상처를 주고받기도 하고, 자신이 부끄러워지는 경험을 할 때가 많다. 세상의 가장 단순한 이치는 내가 싫은 것은 남도 싫어하고, 내가 좋은 것은 남도 좋아한다는 것이다. 명심보감 '성심편'에 이런 말이 있더구나.

성리서에 말하는 사물을 처리하는 요점은
'내가 하기 싫은 일을 남에게 요구하지 말 것과 행동해서 소득이 없거든 자기를 반성해서 돌이켜 생각해 보아야 한다'는 것이다.
또 맹자님은 이런 말씀도 했다.

사람을 사랑하되 그가 나를 사랑하지 않거든 나의 사랑에 부족함이 없는가를 살펴라. 사람을 다스리되 그가 다스림을 받지 않거든 나의 지도에 잘못이 없는가를 살펴보라. 행하여 얻음이 없으면 모든 것에 나 자신을 반성하라. 내가 올바를진대 천하는 모두 나에게 돌아온다.

엄마는 네가 남편에게든 자식에게든 시어른에게든 역지사지와 측은지심을 가진 마음이 넓고 따뜻한 어른이었으면 좋겠다. 좋은 어른이 있는 곳은 어디든 질서가 있고 평화가 있는 법이거든. 좋은 사회란 어른이 제대로 일(working)하는 사회, 어른이 상대를 헤아리고 측은함으로 돌보는 기능을 다하는 사회라고 믿는다. 엄마, 아빠는 가정이든 직장이든 따뜻한 어른과 아름다운 아이들이 서로의 존엄성을 지켜주며 살기를 희망한다. 그게 엄마와 아빠가 네게 전하는 교육철학이자 경영철학이고 가정의 기본 철학이다.

네가 엄마 아빠 품에서 측은지심과 역지사지의 따뜻함을 받으며 살았듯, 너의 세상에서 포기가 아닌 수용의 마음을 가진 그런 어른으로 살기를 진심으로 바란다.

그럼에도
사랑해야 하는 여행

'세상에 행복은 존재하지 않는다는 사실을 알게 됨을 기뻐하라.'
태국 아잔차의 절에 적혀있는 말이다. 진정한 만족은 원하는 것을 소유하는 것에서가 아니라, 원하는 마음으로부터 해방됨으로써 얻어진다는 역설처럼, 행복은 존재함으로써가 아니라 존재하지 않기에 더 무한함을 의미한다. 욕망으로부터 자유로울 때, 마음을 비웠을 때, 마음을 내려놓을 때 우리는 행복해질 수 있다. 다만 마음이란 놈이 만만하지가 않아서 내려놓으려 해도 자꾸 달라붙어 떨어지려 하질 않으니 문제지만 말이다.

엄마의 경험으로 결혼이란 존재하는 행복을 찾으며 사는 것이 아니라 존재하지 않는 행복을 만들어 가는 과정이다. 행복을 만들기로 작정하고 세상을 볼 때 세상은 달리 보인다. 긍정적인 것을 찾게 되고, 작은 것에도 감사할 것을 찾게 되고, 낙관적인 사고로 사람들을 대하게 된다. 물론 아픔을 간직한 채 겉으로만 행복한 척 하라는 것은 아니다. 그러나 초점을 어디에다 맞추며 사는 가는 중요하다. 연애할 때는 좋은 점을 보려하고, 서로 다른 점에 매력을 느낀다. 그리고 결국 '그것 때문에' 결혼을 결심하게 된다. 그러나 결혼을 하고 나면 '그것 때문에' 이혼을 결심하기도 한다는 것이다. 그래서 부부싸움의 가장 잦은 멘트가 '내가 눈이 삐었지'가 아니겠니?

그러나 엄마는 권한다. 결혼 전에는 눈을 크게 뜨고 상대를 찾았더라도, 결혼하면 눈을 반쯤 감고 '내 남편이 세상에서 최고다!'라고 생각하며 살아라. 외할머니 말씀처럼 눈에 동태 껍질 좀 붙이고 살자는 말이다. 이왕 결혼해서 내 인생의 일부가 되었는데 좋은 점 놔두고 굳이 나쁜 점에 시선을 고정할 필요는 없지 않겠니?

그래서 '때문에' 결혼했지만 '그럼에도' 사랑하며 살아야 한다.
직업, 외모, 경제력 등 여러 가지의 이유 '때문에' 결혼을 결심했다 해도, 짜증나고, 속상하고, 열 불나더라도 결혼을 했으면 '그럼에도 불구하고' 사랑해야 하고 '그럼에도 불구하고' 행복해야 한다. 많은 사람들을 불러 모아 사랑하며 살겠다고 결혼서약도 하고, 법적으로 증명도 받았으니 그리 살아야 한다. 결혼의 약속은 세상의 모든 약속 중에 가장 엄중하다. 네 결혼 약속의 증인으로 참석한 많은 사람들의 시간과 정성을 허투루 생각하지 말아라. 사람의 감정은 어쩔 수 없다는 것이라고 핑계대지 말고 최선을 다해야 한다.

'때문에' 미워지면 '그럼에도' 불구하고 내 남편이니 고맙다고 생각하거라. 엄마는 가끔 아침에 일어나 거울을 보다가 깜짝깜짝 놀란다. 배 나오고 얼굴 쳐진 폭탄 맞은 할머니가 거기 서 있지 뭐니? 내가 나를 봐도 놀라는데 아빠는 엄마를 보고 졸도하고 싶은 날이 하루 이틀이 아닐거야. 그럼에도 이런 마누라 보겠다고 해 떨어지면 열심히 집으로 돌아오고, 어디든 가리지 않고 열심히 데리고 다니고, 아프다면 걱정해 주고, 가끔은 선물로 환심 사려는 노력이 기특하다. 아마 아빠도 '그럼에도 불구하고 사랑'을 지키기 위해 눈물겨운 노력을 하는 중일 지도 몰라.

이렇게 마음을 먹고 살다가도 갑자기 쳐다도 보기 싫고 말도 섞기 싫을 때가 불쑥불쑥 생기기도 한다. 웬만하면 '그럼에도' 주문이 효과가 있지만 아무리 해도 해결이 되지 않을 때는 혼자 속 끓이지 말고 대화를 하든, 친구와 흉을 보든 풀어라. 감정은 이상한 것이라 쌓이면 쌓일수록 더욱 선명해지고 가속도가 붙어 팽창하게 된다. 게다가 한번 동굴 파고 앉아 버릇하면 틈만 나면 동굴로 기어 들어가 나오고 싶어지지 않거든. 그리고는 결국 동굴에 갇혀 꼼짝할 수 없는 파국을 맞이하기도 한다. 그러니 그럼에도 불구하고 사랑하기 위해 대화도 하고 싸움도 하거라.

    엄마는 예전에는 그렇지 않았는데 나이가 좀 든 후로는 다리든 허리든 이빨이든 오래오래 써야할 것에 조금이라도 이상 신호가 보이면 바로 병원에 간다. 가서 침 한번 맞거나, 간단하게 치료하면 좋아질 텐데 참고 있다가 병을 키울 필요는 없지. 먼지도 금방 쌓인 것은 입김으로도 불어 없앨 수 있지만 시간이 흘러 더께더께 쌓이면 쉽게 없앨 수가 없는 것처럼 부부관계도 그렇다. 소소할 때는 금방 풀 수 있는 것을 시간이 흘러 풀기 어려운 문제로 변하게 되는 경우가 허다하단다. 소소한 행복도 기꺼이 받아 들여야 하지만 소소한 불행도 눈여겨 보아라. 행복은 어디에도 없다하니 어디에나 있게 하는 것은 너의 마음이다.

    살아보니 결혼이란 그냥 그가 나처럼 느껴지는 것이다. 내가 나를 보고 설레는 날이 있듯 그를 보고 설레는 것이고, 내게 측은함이 들 듯 그냥 그가 측은해 지는 것이지. 나도 내가 미울 때가 있는 데 그가 언제나 좋을리야 있겠니? 그런 날도 있으려니 하고 그냥 함께 늙어가는 내가 거기 있구나 생각하렴.
    왜 사랑해야 하느냐고 묻지 말아라.
    부부니까 그럼에도 불구하고 사랑해야 한다.

평등을 탐하는 기쁨

공평, 평등, 동등.

너의 결혼을 계기로 많이 생각해 본 단어다. 엄마는 그동안 여성의 입장에서 나름 앞서가는 편이라고 자부했지만, 결혼에 관한 너의 의식의 깊이를 대하고 한편으로 부끄럽고 한편으로 흐뭇했다. 사실 엄마는 호주제도도 폐지되었고 자녀의 성(姓)도 선택할 수 있다니 여성의 권익도 많이 발전했다고 생각했었다. 게다가 요즘은 모계사회가 온 것 같다고 억울해 하는 아들 둔 친구들 말도 자주 듣다 보니 네가 결혼을 준비하기 전에는 결혼에 있어서의 남녀간의 불공평은 사라진 것이 아닌가 착각하기도 했단다.

그러나 찬찬히 살펴보니 네가 문제를 제기한대로 결혼과 관련한 의식은 물론 용어, 풍습, 결혼식 절차 같은 소소한 것들조차 아직 해결이 안 된 것이 많더구나. 시댁과 처가, 시어머니와 장모님, 시아버지와 장인어른, 시동생과 처남. 단어만 봐도 여자는 시가의 온전한 가족이 되고 남자는 처가의 친근한 이웃이 되는 것이더구나. 나이 어린 처제와 처남에게는 반말을 하면서, 시누나 시동생에게는 나이와 상관없이 존댓말을 해야 하는 것도 오래된 차별적 사고의 산물일 것이다.

'82년생 김지영'이라는 소설에서 작가는 이런 말을 한다.

'세상의 참 많이 바뀌었다. 그러나 소소한 규칙이나 약속, 습관들은 크게 바뀌지 않았다. 그래서 결과적으로 세상은 바뀌지 않았다.'

1970년대 연속극 주제가인 '아씨'라는 노래가 있다. '옛날에 이 길을 꽃가마 타고 말 탄 님 따라서 시집가던 길'로 시작되는 노래다. 서방님 따라서 가던 길을 한 세상 다하고 늙어서야 밟아본다는 서러운 노래지. 엄마도 시집올 때 외할머니가 '이제 윤씨가 되니 가씨 집 쪽으로는 돌아눕지도 말라'고 하셨던 기억이 난다. 그런 시절이 불과 몇십년 전인 것을 생각하면 그동안 한국의 많은 여성들이 힘들게 여자의 길을 걸어 온 것은 분명하다. 시대의 속도보다 떠 빠르게 걸어야 했으니 그들에게 위로가 필요하지만 아직 갈 길은 멀다. 엄마도 그 길에서 뒤처지지는 않게 걸었다고 생각하지만 네게는 여전히 만족스럽지 못하겠지.

언젠가 엄마와 네가 평등한 결혼제도에 대해 토론하다가 엄마가 심하게 언짢아 한 적이 있었지? 사실 그동안 엄마는 내가 있는 자리에서 조금이라도 나은 세상을 만들기 위해 노력했다고 생각한다. 특히 딸인 너를 키우며 내 딸이 살아갈 세상에 대해 일종의 책임감을 가지고 나름 열심히 살았다. 그럼에도 우리 딸의 눈에는 엄마의 노력이 아직도 성에 안찬 게지. 너의 생각과 비전이 백 번 천 번 옳다. 그렇지만 엄마 역시 아무런 의식 없이 현실에 안주하며 살아왔다고 평가받고 싶지는 않구나. 시대의 선구자는 아닐지라도 우리 딸의 세상을 위해 깜냥껏 한 노력을 조금은 인정해 주었으면 좋겠다.

엄마는 네가 배운 여성으로서 평등과 공평한 사회를 만들기 위해 노력하는 모습이 자랑스럽다. 그러면서도 마음 한 편에는 평등을 위해 싸우는 여전사보다는 소소한 행복을 누리며 살아가는 여자이기를 바라는 마음도 그만큼 크단다. 사랑하는 남편과 아이들과 함께 평안하고 행복한 가정이 삶의 중심이라 믿고 살아온 엄마의 충고는 어찌보면 소시민적이다. 그럼에도 불구하고 이왕에 가정을 이루었다면 가정의 행복에 기초한 성공이 진정한 성공이라고 믿고 살아온 엄마의 삶을 가볍게 보지 말았으면 좋겠구나.

그런 엄마가 너에게 주고 싶은 충고는 지나친 물리적인 공평이 아닌 진정한 평등을 탐하라는 것이다. 공평은 평등의 정신을 실현하기 위한 배분 방식이지 목표는 아니기 때문이다. 저울에 잰 듯 분배하는 가사일, 절대 공평하게 지출하는 돈, 동일한 사회적 지위, 양쪽 집에 저울로 잰 듯 똑같이 하는 자식 노릇이 부부로서 평등의 척도가 아닐 수도 있다는 것이다.

평등의 개념은 쉽게 기회의 평등 혹은 결과의 평등으로 구분하여 설명한다. 남녀노소, 빈부, 장애를 불문하고 모든 사람들에게 공평한 기회를 주는 것이 기회의 평등이라면, 출발선이 다른 장애인들이나 소수자에게 그들의 능력에 맞는 일을 주거나, 더 많은 지원을 통해 평등한 결과를 지향하는 것은 결과의 평등이라 할 수 있다. 이 두 가지 개념은 어떤 시대, 어떤 조직이든 사람이 살아가는 곳에서는 서로 상호작용적 관계다. 운동장에서 벌어지는 게임을 보기 위해 먼저 온 사람들이 앞에서 관람하는 것이 공평하다. 그럼에도 노약자나 어린이 혹은 키 작은 사람에게 앞자리를 양보하거나, 그들을 위해 발판을 제공하는 것은 평등한 사회를 만들기 위한 노력이다. 무엇이 옳다는 것은 없다. 다만 인간은 절대 평등하고 존엄해야 한다는 전제하에 선택해야 하는 철학의 문제며, 가치의 문제다.

결혼 생활에서 평등의 개념은 부부의 철학과 가치에 따라 선택되고 정리되어야 한다. 기회의 평등이 중요한 지점이라면 서로에게 공평한 기회를 제공하기 위해 고민해야 할 것이고, 선천적으로든 후천적으로든 누군가가 지나치게 많이 가졌다면 평등한 결과를 위해 불평등한 분배를 기꺼이 선택해야 한다. 사실은 기회의 평등은 결과의 평등을 전제하지 않는다면 불공평하지만 말이다. 인간은 평등하다는 절대적 가치를 분명하게 공유하는 한 무엇을 선택하든 그것은 정당하다. 부부는 평등해야 한다. 그러나 경직된 물리적인 공평으로 아까운 시간을 낭비하지 않았으면 좋겠다.

그리고 또 하나 부탁하고 싶은 것은 엄마 세대의 가치가 네가 생각하는 평등의 개념에 맞지 않는다고 함부로 바꾸려 하지 말렴. 엄마 세대는 이만큼의 평등을 이루면서 행복을 만들어 왔다. 네가 할 일은 엄마 세대의 노력을 인정하고 위로하면서 너의 세대를 끌고 가는 것이다. 엄마 집에 오면 엄마의 방식으로 시어머니의 집에 가면 시어머니의 방식으로 만들어 온 평화를 귀하게 여기거라. 역사는 혁명적으로도 변하지만 소리 없이 흐르기도 하는 것이란다. 일 년에 몇일 며느리 노릇, 딸 노릇하면서 부모가 쌓아 온 삶을 평가절하하지 말라는 말이다. 누군가의 삶을 평가할 때 현재의 높이보다 그가 날아 오른 삶의 깊이와 시간을 보아야 하기 때문이다.

 신이 약속한 장자의 축복

성경에 보면 하나님은 장자에게 권력 즉 장자권을 주고 집안을 이끌어갈 재산과 기회를 주신다. 또 장자권은 팔 수도 있고 빼앗길 수도 있다. 창세기에 야곱의 이야기가 있다. 야곱은 사냥에 갔다 배가 고파서 돌아온 형과 시력을 잃은 아버지를 속여서 장자권을 빼앗았다. 물론 정직하지 못함으로 인해 여러 가지 고통을 당했지만, 결국 장자로서의 축복을 받았다. 왜 성경에서는 장자권을 중요하게 말할까? 왜 거짓말을 해서라도 장자권을 빼앗으려 했던 것일까?

율법상으로 장자에게는 가장의 권위라는 정치적인 권리와 두 몫을 받을 수 있는 경제적 권한이 있었기 때문이라고 한다. 그러나 오늘날은 장자라고 해서 특별한 권리가 있는 것도 아니고 평범한 가정에서는 오히려 책임만 크다.

그럼에도 하나님은 '장자(맏이)'에게 축복을 주신다.

엄마가 맏며느리 노릇이 고단하고 짜증스러울 때면, 성경의 해석이 어떻든 장자인 것을 거부하거나 떠넘기지 않고 기본적인 책임만 다해도 반드시 축복을 주신다고 믿으며 살았다. 뺏어서든, 불가피하든 장자의 역할을 하기만 한다면 신은 반드시 축복을 주신다. 요즘 세상에 장자의 책임을 뺏어서라도 가져오는 사람보다 떠넘기려는 사람이 더 많겠지만 장자의 역할을 다하는 사람에게는 반드시 축복이 있다.

장자가 아니면 어떻겠느냐? 장자가 해야 할 일을 먼저 하거라. 그러면 축복은 약속되어 있다. 엄마, 아빠가 이토록 축복을 받으며 살게 된 것은 아마도 맏아들 맏며느리임을 잊지 않고 살았기 때문일 것이다. 그래서 넘치도록 재물도 주시고 축복의 기회도 두배 세배로 주셨다. 물질의 축복도 주셨지만 무엇보다 부모의 등을 보고 자라는 따뜻한 자식을 선물로 주셨으니 장자의 축복은 참으로 놀랍다.

이제 결혼하면 시부모와 처부모 모두 부모가 된다. 세상에 어머님, 혹은 아버님 이라고 불러드릴 사람이 또 있겠니? 시부모는 나를 낳아준 부모가 아니니 뼛속부터 사랑이 솟아나겠냐만 최소한 네가 할

도리를 떠넘기지는 말거라. 자칫하면 다른 사람에게 장자권을 빼앗길지 모른단다. 신문에 날 정도로 잘 하려고 애 쓸 일도 아니다. 그저 자식으로서, 며느리로서 해야 할 일을 떠넘기지만 않아도 복을 받는다. 이것은 엄마의 경험에서 우러난 절절한 충고다.

그 옛날 예수님이 살던 시절도 부모에게 잘 하기가 얼마나 어려우면 인간에게 주는 첫 번째 계명이 '네 부모를 공경하라'겠니? 그럼에도 부모에게 잘 해야 한다. 그래야 복을 받는다. 그 복은 네가 받지 못하면 반드시 네 자식이 받게 되어 있단다.

엄마는 맏며느리인 것이 뛸 듯이 기쁜 일도 아니지만, 피할 일은 더더욱 아니라고 생각하며 살았다. 때로 힘든 생각이 들면 남에게도 봉사하러 다니는 데, 사랑하는 남편의 부모와 형제에게 봉사 못하랴 하는 마음으로 살았다. '인간애(人間愛)'를 가진 사람의 도리만 다해도 된다.

엄마 시대의 며느리의 삶과 네가 며느리로 살아가야 할 풍속도가 달라 고리타분하게 느껴지겠지만 부모들이 살아온 지난한 시대에 대해 존경심을 가지거라. 우리도 한때 뜨거웠고 한때 푸르렀다. 그럼에도 가정을 위해, 자식을 위해, 버린 것도 잃은 것도 많다. 그러나 너희들을 보며 후회도 회한도 없이 늙어가는 중이다.

그러니 딸아!

자식이니까 그냥 부모에게 잘 해라.

네가 어려운 사람들을 보면 아무것도 따지지 않고 연민을 가지고 보살피듯이 따지지 말고 자식이니까, 네 삶의 뿌리니까 그냥 부모에게 잘 해라. 부모가 부모의 역할을 다하는 것은 또 다른 문제다. 너는 너의 도리를 다하거라. 그게 질서 있는 삶이다.

부모를 위해서가 아니라 네 자식을 위해 부모에게 잘 해라.

기다림으로 얻어지는 목성의 평화

결혼은 화성남자와 금성여자가 목성에서 새 삶을 시작하는 것이라고 비유할 수 있다. 화성과 금성이라는 전혀 다른 별에서 온 이주민들이 새로운 땅인 목성에서 살아가기 위해 만든 약속의 이행과정이다. 그 약속은 서로의 존엄성을 지키기 위한 일종의 합의다. 그러므로 누군가에 의해 혹은 누군가를 위해 일방적으로 만들어진 것은 목성에서 통용될 수 없다. 그래서 목성은 합의를 존중하는 평등한 시민들이 사는 곳이다.

이 신비한 별인 목성에서의 삶을 위해서 먼저 이해할 것이 있다. 새로운 이주자인 화성인과 목성인은 다른 별에서 왔음으로 해서 태생적이든 후천적이든 일정부분 다르다는 것이다. 그것을 인정하지 않고는 절대 평화로운 합의는 없다. 다름은 틀림이 아니므로 그 자체로 소중하게 간직해야 할 가치이기 때문이다.

　분명한 것은 남녀는 성별에 따른 혹은 개인의 성장과정에 따른 차이가 존재한다는 것이다. 그것이 생물학적인 차이가 아닌 진화론적인 혹은 사회론적인 차이라 하더라도 DNA에 장착되어 전해지고 있는 것만은 분명하다. 이런 차이를 무시하고 만들어진 법은 행복을 보장하지 못할 뿐 아니라 이행과정도 험난하다. 그러니 이성과 감성 그리고 경험을 함께 작동시켜서 차이를 지혜롭게 활용하려는 노력이 필요하다.

　부부간의 관계를 잘 이끌어가기 위해서는 두 가지 언어 즉 남성의 언어와 여성의 언어를 배워야 한다고 한다. 언어는 단순한 말이 아니라 실생활을 살아가는 일종의 코딩이다. '여자사용 설명서', '남자사용 설명서'라는 말도 있듯이 남녀가 신체적, 심리적, 생리적 매카니즘이 다르니 사용법도 같지는 않을 것이다. 인간이라는 공통점이 있지만 남성과 여성이 다르다는 것은 마치 날개 없는 선풍기처럼 선풍기라는 점은 같지만, 그 기계만의 사용 설명서를 가지고 있는 것과 같을 것이다. 처음엔 설명서를 찬찬하게 읽어보고 조심스럽게 작동해보다가 익숙해지면 설명서 없이 잘 사용할 수 있듯이 부부도 그런 것 같다. 물론 남녀는 좀더 복잡해서 40여년 함께 지내도 여전히 사용설명서를 뒤적여야 하지만 말이야. 사실 사용설명서가 전혀 안 맞을 때도 많고.

미국 버클리 대학의 레벤슨 교수가 남녀가 강한 폭발음에 어떻게 다르게 반응하는 지를 실험한 적이 있다고 한다. 보통 갑작스런 폭발음이 들려오면 여성들이 먼저 소리 지르고, 쉽게 겁을 먹은 채 심장박동수도 빨라질 거라 생각하지만, 실험 결과는 예상과 달리 남성의 심장박동이 정상치로 되돌아오기까지 시간이 더 걸렸다는 거야. 즉, 여성이 남성보다 덜 흥분하고 더 논리적으로 판단해 행동까지 제어할 수 있다는 결론을 냈다고 하더구나.

남녀의 차이나 남녀에 대한 오해에 관한 실험이나 연구는 무수히 많다. '거짓말을 하는 남자, 눈물을 흘리는 여자'라는 책이 있다. 책 제목만 봐도 공감 백배다. 남자는 왜 거짓말을 밥 먹듯이 할까? '딱, 뿐, 노력해 볼게'와 같이 남자들이 거짓말을 할 때 주로 쓰는 단어는 어째서 세계 공통어일까? 남의 집 남편들도 어쩌면 그리 판박이 같이 밉상 짓을 할까? 여자는 왜 눈물을 무기로 사용할까? 여자는 왜 그렇게 많은 말로 사랑을 표현하고 싶어 할까? 정말 남자와 여자는 각기 다른 능력을 가지고 있을까?

　엄마는 전통적인 남녀의 역할이 나름 분명하던 시대에 가깝게 있다면, 너희들은 99%쯤 새로운 시대를 정립하는 과정에 있다. 네가 자란 곳 그리고 너에게 조언해 줄 사람들이 사는 세상에서의 남녀 역할론과 네가 살아가야 할 곳의 역할론은 다를 것이다. 어찌보면 전혀 새로운 방식으로 남녀역할과, 부부 역할을 정립해 가야 하니 막막하고 답답하기도 할 거야.

　시댁 어른들의 조언이나 엄마의 조언도 너에게 혼란만 줄지도 몰라. 어찌보면 그것들은 박물관에 있어야 할 가치 있는 유물쯤 되려나? 너희들 세대에서의 엄마 아빠의 역할, 가사 분담, 육아 등은 시대를 통찰하는 너희들의 현명함과 지혜 그리고 무엇보다 서로를 배려하는 사랑으로 차근차근 해결해 가야 할 문제다.

　남녀 관계는 묘해서 화성남자가 금성인처럼 행동 안한다고 싸우다가 때로는 너무 금성인 같아서 싫다고 싸우기도 한단다. 엄마가 늘 말하듯 모든 행동에는 일관성이 있단다. 모든 일에 세심하고 자상한 사람은 잔소리가 많은 법이고, 돈이든 살림이든 아내가 하는 대로 내버려 두는 사람은 당연히 소소한 이벤트를 못 챙기는 둔감함이 있겠지. 좋은 말로는 스케일이 큰, 다른 말로 하면 섬세하지 못한 사람은 자잘한 이벤트에는 약하지만 화끈하게 밀어주는 장점이 있고, 다정다감한, 다른 말로 하면 꼼꼼한 사람은 통 크게 놔주지는 않지만 자상하게 살펴주는 장점이 있기 마련이다. 부부관계의 핵심은 내가 필요한 대로, 내 언어로 상대를 이해하려 들면 안 된다는 것이야. 그래서 사랑은 '내 뜻 대로가 아닌 당신 뜻대로'이다.

네가 어찌 보았든 엄마와 아빠는 사람여자와 사람남자가 만났으니 사람으로서의 존중과 사랑, 예우는 갖추지만 여자와 남자로서 다른 점은 서로 이해하면서 보완하면서 사는 것이 지혜라고 믿으며 살았다. 무거운 것은 몸무게와 근력이 조금 센 아빠가 들어주고, 집안 행사를 챙기는 일은 조금 더 섬세한 엄마가 하고, 운전은 지도를 잘 보고 기계를 잘 다루는 아빠가 해 주고, 미각과 음식에 대한 감각이 좋은 엄마는 주로 요리를 하고 집안일을 했다. 때에 따라서는 과감한 아이디어는 엄마가 내지만 과정에 따른 세세한 처리는 아빠가 하고, 소소한 추억 만들기는 엄마가 제안하지만 실행은 아빠가 한다. 엄마가 주로 밥하고 빨래하고 너희들을 더 많이 돌보았지만 엄마, 아빠가 불평등하기 때문이라고 생각하지는 않으며 살았다. 물론 저울로 재듯 100% 완벽하게 공평하냐고 하면 약간 머뭇거리겠지만, 엄마세대의 수준에서 그만하면 합격점이라 생각한다. 어쨌든 엄마, 아빠는 인간으로서 존엄성을 훼손하지 않는 범위에서 합리적으로 역할을 나누어 잘 살아왔다.

앞으로 살다보면 너희 둘 다 새로운 곳이 낯설고 정체성이 흔들려서 고향을 그리워 할 지도 몰라. 그러나 결혼을 통해 목성으로 이주한 이상 이제 너희들의 별은 목성이다. 게다가 목성에서 아기 사람 하나를 만들면 목성을 떠나 금성으로 간다 해도 거기는 이제 더 이상 너의 별이 아닐 수 있어. 그러니 서로를 조금 더 탐구하고 이해하면서, 조금 더 양보하고 타협하면서 새로운 별 목성에서의 삶을 살아라.

목성에서 새롭게 시작하는 생활은 고단하고 팍팍할지 모른다. 때로는 눈물에, 후회에, 아무도 없는 것 같은 외로움에, 이해 못 하고 못 받는 답답함으로 힘겨울 수 있다. 그러나 사랑은 그렇게 오는 것이란다. 그리고 그런 사랑만이 견고하고 단단한 뿌리를 내릴 수 있단다.

아마도 적응력 떨어지는 화성남자는 새로운 땅 목성에서 더 당황스러워할지도 몰라. 게다가 가장은 이래야 하고, 이렇게 대우 받아야 한다는 화성에서의 전통적인 가치가 DNA에 남아 있을 테니 그것을 개조해야 하는 목성에서의 삶이 얼마나 고단하겠니? 어쩌면 노력하는 데도 잘 되지 않아 화가 나 있을 수도 있어. 금성에서 그리고 화성에서의 일들을 아름다운 추억으로 기억하면서 목성에서의 사랑을 꽃 피우기 위해서는 시간이 필요하단다. 그러니 조금은 기다려주고 다독이며 가거라. 어린왕자가 자신의 별을 가꾸듯 그렇게 너의 별을 가꾸어 가렴! 그리하여 투덜이 장미의 사랑 언어를 익혀 목성의 평화로운 일상을 즐기며 살거라.

내 남자를 위한 마법 주문

메디슨 카운티 다리에 홀로 두지 마라

아주 옛날 한 20여년 됐을라나? 그 시절에는 텔레비전에서 주말이면 외국영화를 더빙해서 보여주는 명화극장이라는 것을 했었다. 다시보기 기능도 없고, 영화관 가기도 쉽지 않았을 때니, 주말에 명화를 보는 것은 한주를 마감하는 일종의 휴식이며 사치였다. 게다가 지금처럼 한국 영화가 질이 높지 못해서 팝송이나 외국영화를 보는 것이 소위 좀 배웠다는 사람들의 풍류로 여기던 시절이었거든. 엄마도 고단한 현실에서 영화 같은 삶을 꿈꾸며 주말의 명화극장을 섭렵하곤 했던 것 같아.

그 중에 아직도 생생하게 기억하는 영화가 있다. '매디슨 카운티의 다리'라는 영화야. 소설을 영화화한 것인데 내셔널 지오 그래픽의 사진작가 로버트가 매디슨 카운티에 잡지 표지사진을 찍으러 왔다가 우연히 혼자 있게 된 가정주부 프란체스카와 4일간의 사랑에 빠지는 영화다.

엄마와 아빠가 함께 영화를 보고 있었는데 너도 알지? 아빠의 태생적인 영화 잠! 초반부 조금 보더니 '불륜 영화구만. 얼른 자자.' 하더니 먼저 코를 고는 거야. 그리고는 아침에 아빠가 물었어.

"영화 다 보고 잤어?"

"응!"

"무슨 내용?"

"당신을 외롭게 하지 말고 평생 충실하게 사랑하라는 내용!"

"좋은 영화네!"

평생을 주부로, 엄마로, 아내로 잘 살았다고 믿어왔던 프란체스카는 죽으면서 그의 유해를 남편 곁이 아닌 로버트와 추억의 장소인 매디슨 카운티의 로즈먼 다리에 뿌려달라고 유언을 남겼다.

'내 인생 전부를 가족을 위해 살았으니, 이제 나머지는 로버트에게 주고 싶다.'는 것이다. 평생을 부부로 살았는데 사랑의 종착지가 부부가 아니라는 것이 엄마에게는 충격이었어. '누군가와 가정을 이루고 자식을 낳기로 결정한 순간 어떤 면에서 사랑이 시작된다고 믿지만 사랑이 멈추는 때이기도 하다.'는 프란체스카의 고백은 젊은 시절의 엄마로서는 받아들이기 어려운 말이었다. 그럼에도 아이들과 가정을 지키기 위해 사랑이 아닌 책임을 택한 프란체스카의 외로움이 느껴졌어.

'결혼이라는 것이 단지 자신이 결정한 일에 대한 책임과 가족과 자식에 대한 의무로만 지탱되는 것일까?' 심각한 질문을 하게 되었지.
이 영화는 아빠 말처럼 유부녀의 불륜 영화일 수 있지만, 엄마에게는 부부생활의 전환점을 준 영화야. 부부의 사랑은 내일을 기다리지 않는단다. 또 외로움은 아내의 것만이 아니라 남편의 것이기도 하지. 그러므로 결혼했다면 매순간 최선을 다해 서로에게 충실해야 한다.

엄마가 생각하는 부부의 충실한 사랑이란 필요할 때 옆에 있어주는 것이다. 몸도 그리고 무엇보다 마음이 함께 있어야 한다. 그렇지만 가족에게 충실하게 살다보면 우정도 성공도 저만치 멀어지는 느낌을 받을 때도 있어. 그러나 엄마 나이만큼 살아보니 결혼한 사람의 우정이나 성공은 행복한 결혼을 전제한다는 것을 깨닫게 된단다. 엄마는 아빠와 평생 살아오면서 서로에게 충실하려고 노력했다. 직장을 잃을 만큼의 중요한 일이 아니면 아빠가 엄마를 필요로 하면, 또 엄마가 아빠를 필요로 하면 언제든 다른 것 다 뒤로 하고 달려간다. 무언가 비어 있으면 어떻게든 채우고 싶어 하는 것이 사람이니, 마음이 텅 빈 것 같은 외로움을 너무 오래 방치하지 말아라. 혹 다른 방식으로 외로움을 달래려 할지 모르니 말이다.

지난번 엄마 친구와 이런 말을 한 적이 있다.
'아이들 슬프게 말아라. 나중에 아이들 크면 다 보복 당한다.'
남편도 슬프게, 외롭게, 화가 쌓이게 하지 말아라. 언젠가 보복 당할 날이 있을 지도 모르니. 의사들이 들으면 뭐라고 할지 모르지만 사실 엄마는 너희들을 임신했을 때도, 너희들을 돌보느라 에너지가 소진되어 있을 때도 아빠를 너무 외롭게 두지 않으려 노력했다. 어떻게 노력했는지를 일일이 말해 줄 수는 없지만, 아빠에게 외로워도 슬퍼도 캔디처럼 울지 말고 참고 기다리라는 것은 너무 가혹하지 않겠니? 엄마는 너희들을 품고 있지만 아빠는 그렇지 않으니 말이다.

엄마가 네가 결혼을 고민할 때 말한 것 기억하지? 사랑은 키워가는 것이라고. 사랑은 서로의 노력으로 함께 키워가는 것이란다. 서로가 서로를 외롭고 슬프게 하지 않고 충만함으로 가득차게 하는 것이 사랑이야. 마치 어린왕자가 유리 덮개를 씌우고 바람막이도 세워주고 투덜대거나 뽐내고 심지어 토라졌을 때도 귀 기울여 가며 가꾸는 장미꽃처럼 말이야.
그리하여 백만 송이의 꽃보다 더 귀하고 아름다운 '나의 꽃'으로 가꾸어 가는 것, 그것이 부부의 사랑이란다.

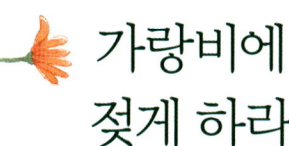

가랑비에
젖게 하라

　언제부터인가 밥을 먹고 나면 식탁 뒷정리는 아빠일이 되었다. 커피와 계란, 과일을 준비하는 정도지만, 아침 식사는 슬그머니 아빠가 주로 하는 일이 되었다. 마른 빨래를 걷어다 놓으면 엉덩이 걸음으로 다가와 꼼지락거리며 개는 아빠를 보며 감사를 느낀다. 누구는 먼저 퇴근한 사람이 식사 준비하는 것이 당연하다고 하더라만 환갑쟁이 맏아들 아빠를 할머니의 감시(?)에도 불구하고 이정도 훈련시켰으면 나름 성공했다고 자부한다.

　사실 아빠는 체면을 목숨까지는 아니어도 매우 중요하게 생각하는 충청도 사람인데다, 일찍 돌아가신 할아버지를 대신한 할머니의 보호자요, 집안의 대들보로 대우 받으며 산 맏아들이다. 할머니는 엄마가 아빠를 할머니와 같은 방식으로 대우하지 않으면 은근히 노여워하신다. 말씀은 '요즘은 남자들도 다 똑같이 해야 밥 얻어먹고 산다.'고 하시지만 할머니에게 아빠는 요즘 남자가 아니라 '집안의 대들보이자, 가장'이다. 그러니 아빠가 조그만 집안일이라도 할라치면 화들짝 놀라며 말리신다. 그런 아빠가 지금처럼 집안일을 거들고 가장으로서의 권위를 내려놓기까지는 약간의 노력과 시간이 필요했다.

결혼 초기에는 똑같이 일하고 돌아온 엄마는 옷 갈아입을 시간도 없이 주방에서 밥하느라 정신이 없는데, 아빠는 느긋하게 TV나 신문을 보며 식사를 기다리는 전형적인 한국 가정이었어. 게다가 밥 차리느라 가장 늦게 식탁에 앉은 엄마에게 '물 달라, 밥 더 달라.'는 잔심부름 시키는 것도 예사였지. 직장여성으로 시동생에 시어머니까지 모시고 사는 일도 어려운데, 이렇게까지 살아야 하나 서럽기도 했지만 그때만 해도 대부분의 가정이 그런 모습이었으니 가끔 피곤이 쌓여 반기드는 날을 제외하면 나름 잘 견뎠다. 그러면서도 한 번씩 화딱증이 나곤 했었지.

'내가 이집 가정부야? 나도 똑 같이 일하는데 왜 나만 허둥지둥 부엌일을 해야 해? 남자로 태어난 게 벼슬이야?'

설거지 한번 하게 하려면 치사하고 더러워서 혼자 해 치우는 게

속 편했어. 그런데 언제부터인지 아빠의 주방일 빈도가 늘더니 몇 가지는 아예 아빠 몫이 된데다, 과일 깎아 엄마 입에 넣어주고, 다림질도 아빠가 잘 해서 입고 다닌다. 물론 사회가 변해가니 생존을 위한 어쩔 수 없는 적응일 수도 있겠지만, 엄마는 아빠에게 적용한 '가랑비 살살 적시기 전략' 덕분이라고 믿는다.

아빠는 에니어그램 성격유형 중 전형적인 8번 유형이다. 강력한 지도자 유형이지. 자신의 권위에 잘 따르면 한없이 너그럽게 보호해주고 자비를 베풀지만 누군가가 명령하고 권위에 도전한다고 생각하면 절대 굴복하지 않고 강력하게 대항하는 성격이다. 그런 아빠와의 정면대결의 결과는 불 보듯 뻔하다. 그렇다고 언제까지 비위만 맞추며 살 수는 없지 않겠니?

그러니 아빠를 보드랍게 만들기 위한 전략이 필요했다. 적은 에너지로 큰 효과를 본 엄마의 전략은 '가랑비에 옷 젖게 하기'와 '잠 자는 사자 코털 뽑기'다. 엄마 친구들의 이야기를 들어보면 이 전략은 아빠 같은 성격만이 아니라 가부장적 사회에서 성장해 온 대부분의 한국 남자들에게 대체로 유효한 것 같아.

처음에는 설거지는 안 해줘도 되니 식탁에 있는 반찬만 냉장고에 '쪼~옴 넣어 줘.' 했지. 그러다가 얼마 지나면 '미안하지만 그릇 도 싱크대에 좀 가져다 줘.' 하다가 '나 설거지 할 때 빨래 좀 개주면 안되나?' 이렇게 말이야. 아침에 화장하느라 너무 바쁘니 커피만 좀 빼달라고 그러다가 얼른 계란 좀 부쳐달라고 그러다가 슬그머니는 아침 식탁 준비는 아빠 몫이 된 거야.

하기야 요즘의 너희들이라면 '치사하게 이렇게 까지 해야 해?'라고 생각할 거야. 오히려 처음부터 소낙비 맞추듯 확실하게 정리하고 시작하는 방식이 더 합리적일 수 있어. 요즘 같이 맞벌이 부부가 대부분인 데다가, 아이도 함께 낳았고, 함께 키우는 것인데 남편이 가사 일을 '도와준다'고 했다가는 본전도 못 찾겠지?

그렇지만 살아보니 이런 전략 하나쯤 알아두어도 좋더구나. 남편이든, 아이들이든, 시댁 어른들이든 변화가 필요하다고 생각될 때마다 전쟁하듯 살 수는 없지 않겠니? 살아보니 직장에서든 가정에서든 한 방에 끝내기 어려운 일들이 의외로 많고, 한 방에 끝내기 어려운 사람들도 많더라고. 이럴 때 쓸 수 있는 방법이 '가랑비에 옷 젖기 전략'이다. 거기다 가끔 코털도 뽑아서 '사자의 본성'을 조금 줄여 놓으면 금상첨화고.

'가랑비에 옷 젖기 전략'의 성공을 위해 엄마가 터득한 몇 가지 단계와 방법이 있다.

아주 사소한 것부터 시작하기
자발적으로 한 행동의 결과가 나쁘더라도 절대 토달지 않기
행동의 변화에 극적이면서도 과장된 만족을 표시하기
기회만 되면 공개적으로 자랑하며 광고하기
그러다가, 방심할 때 슬쩍 하나 더 얹어 주기

사람은 자존감이 높을수록 타인에게 더 관대해지고 유연해 지는 것 같아. 이 전략은 시간이 좀 걸리기는 하지만, 자존감을 떨어뜨리지 않으면서 자발성과 지속성을 가지게 할 수 있다는 장점이 있다. 결혼 생활은 꾀와 지혜의 승부처이면서 평생을 걸어야 하는 장기전이란다. 그러므로 상대의 자존감을 높여주면서 내 편으로 만드는 길들이기 전략 하나쯤은 가지고 있어도 좋을 것 같다.

무조건 편들어 주어라

　남편 그리고 요즘은 잘 부르지 않지만 부인을 조금 얕잡아 부를 때 '여편네' 라는 말이 있다. 남편과 여편네의 정확한 어원이 그런지는 모르겠지만 흔히 편들어주는 남자니까 남편, 편들어주는 여자기 때문에 여편이라고 한다는구나. 물론 '남의 편'이라 남편, '여러사람 편'이라 여편이라고 강력히 주장하는 사람들도 있지만 말이야.

　그러나 엄마가 생각하는 결혼이란 평생 '내 편 하나 확실하게 만드는 일'인 것 같다. 그리고 나이 들어서도 편하게 놀아줄 좋은 친구 한명 만들기 위해 공들이는 과정이다. 평소에는 이 남자가 정말 내 편 맞나 하다가도 위기의 순간이 되면 확실한 내편 노릇을 해주는 사람, 그래서 남편과 아내는 서로 의지하며 살아간다. 물론 너의 반론대로면 세상 모든 부부가 다 그렇지는 않겠지만, 그렇게 살기로 약속 했으면 그렇게 살려고 노력하는 게 맞다.

결혼 2~3달 지났을 때 엄마와 아빠가 싸운 이야기 했던가? 엄마, 아빠가 둘 다 교직에 있다 보니 가르치려고 하는 경향이 강하잖아? 신혼 때 아빠가 누군가 때문에 열 받아서 푸념하는 데, 가르치는데 익숙한 엄마가 아빠에게 한바탕 교사노릇을 했어. 아빠의 잘못과 그 사람이 그럴 수밖에 없는 이유를 조목조목 알려주고 덤으로 앞으로 해야 할 일까지 확실하게 가르쳤지. 이게 사명감에 불타는 교사가 할 일이고, 무엇보다 현명한 아내가 할 일 아니겠니? 그 다음에 무슨 일이 일어났을지 상상할 수 있지?

너무 똑 부러지는 충고로 자존심 구겨 다시는 집에 와서 자기 이야기 하지 않겠다고 화내는 아빠와 남의 충고를 귀담아 듣지 않으니 그런 사람 일에는 관여하지 않겠다는 엄마가 몇 일간 냉랭했단다. 그런데 얼마 지나지 않아 이번에는 엄마가 동료 때문에 엄청나게 스트레스를 받은 거야. 인간은 망각의 동물이라 아빠한테 위로 받으려 하소연 했더니 아빠의 역습! 엄마와 똑같이 훈계 한 바가지 늘어놓더라고. 정말 열 받고 서러워 눈물이 날 지경인데 아빠가 물었지. '지금 기분이 어때?' 사실 기분 꽝일 때 남에게 훈계 듣는 게 그렇게 거지 같은 기분인지 그때 제대로 알았어.

그날 이후로 남편에게는 절대로 교사 노릇하지 않으리라 결심했단다. '그가 힘들다면 어떤 일이 있어도 온전히 편이 되리라. 비판하고 가르치는 교사가 아니라 맞장구 쳐주고, 들어주고, 위로해 주는 여편이 되리라.' 결심했지.

무조건 편들면 균형감각 깨진다고 걱정하는 사람들도 있지만 결혼을 했다는 것은 이미 성인이 되었다는 뜻이고, 독립적인 삶을 살 수 있는 균형 감각이 있다는 뜻일 거다. 보통의 사람들은 심리적 분노나 우울감이 해결되면 세상일에 현명한 답을 찾게 되는 것 같아. 상대에게 하소연하는 것은 답을 얻기 위해서가 아니라, 그것을 행해야 하는 어려움을 누군가가 알고 편들어 주기를 바래서 일거야. 일단 편들어 주고 그가 원할 때 현명한 조언을 해주는 것이 현명한 아내가 할 일이다.

사실 엄마, 아빠가 사이가 좋은 이유 중에 또 하나는 서로의 완벽한 편들어주기 덕인 것 같기도 해. 할머니건 고모건 삼촌이건 시댁 친척이건 엄마의 불평 도마에 오르면 아빠는 일단 엄마 편을 들어준다. 그러면 비교적 지혜로운 엄마가 알아서 훈훈한 결론을 내리는 식이지. 아빠 상사나 친구가 아빠를 열 받게 했다면, 그 사람은 어떤 경우에도 일단 엄마의 적이다. 그러면 마음 따뜻한 아빠는 오히려 엄마를 타이른다.

자식한테는 훈계하기를 좋아하는 전형적인 교육자인 엄마, 아빠도 서로에게는 훈계하지 않는다. 왜냐면 부부는 지혜를 나누는 동반자고 반려자여야 함을 알기 때문이다. 험한 세상에 아무런 대가 없이 지지하고 격려해 주는 사람은 그리 많지 않단다. 가족이니까, 생사고락을 같이 하기로 많은 사람 앞에서 약속한 부부니까 그리 해야 맞는다. 물론 이 규칙을 잊고 싸우는 경우도 가끔 있지만 말이야.

결혼은 육체적인 것, 경제적인 것 등 여러 가지가 안정되는 장점이 있지만, 가장 큰 장점은 평생 따지지 않고 내편 들어주는 친구 하나 만들 수 있는 것이라고 생각한다. 물론 젊은 시절에는 과연 이 사람이 제대로 친구해 주려나 의심도 들겠지만, 나이가 들고 보니 같이 놀 친구는 부부밖에 없다. '나이가 들면 중요한 것은 가족이고, 필요한 것은 친구'라는 말이 있다. 오랜 부부는 가족이고 친구다. 요즘 들어 늙으면 서로 등 긁어주는 부부가 제일이라는 말을 실감하며 산다.

편들어 주는 것도 훈련이 필요하다. 편들어 주는 초급 단계는 상대방의 말을 잘 듣고 맞장구 쳐주고 상대가 원하는 것을 격하게 반응해 주는 것이다. 그런 반응을 통해 심리적 안정을 가지게 할 수 있단다. 상대의 말을 그대로 따라 하거나, 감정에 맞장구 쳐주는 이른바 '메아리 기법'과 '추임새 기법'은 초급단계의 훌륭한 기술이지.

고급 단계는 조금 더 어렵겠지? 마음으로부터 진심으로 그 사람 편이 되어주는 거야. 누군가 나를 공감해 준다고 생각하면 마음에 온기가 전해져 세상에 대한 원망이 사라지게 되고, 자신을 제대로 볼 수 있는 혜안이 생기게 되는 것 같아. 그때 적절한 조언과 충고를 지혜롭게 해 주어도 좋겠지. 좋은 부부는 적절한 충고와 조언으로 서로를 성장시켜야 할 책임이 있으니, 고급단계에서는 때와 장소에 맞는 지혜로운 조언이 꼭 필요하다. 이런 방법들을 단계별로 잘 훈련해서 실전에 활용하며 살면 좋겠다.

내가 소중히 여기는 보물
세 가지가 있지.
헤아릴 수 없는 사랑
검소함
그리고 누군가를 가르치려 들지 않는 것.

<노자>

바쁠 때 전화해도
반가워하라

    엄마 나이쯤 된 가수인 이선희가 부른 노래 중에서 '알고 싶어요'라는 노래가 있다. 엄마는 아빠에게 전화하고 나면 이 노래 생각이 난다. 아빠에게 전화하면 변함없이 활기차고 신나는 음성이 전화기 저쪽에서 들린다. 길게 전화를 받지 못할 바쁜 상황이면 짧게라도 설명을 해준다. 바쁜 때 전화해도 귀찮아하지 않는 목소리를 들으면 여전히 나를 사랑하고 있는 것 같아 기분이 좋다. 물론 엄마도 귀찮아하지 않고 게다가 적당한 서비스 멘트로 아내가 서슬 퍼렇게 사랑을 지키고 있음을 각인시켜 주지만 말이다.

엄마가 공부할 때 늘 시간에 쫓기니 아빠에게 전화해서 책 좀 대출해 오라고, 퇴근하면서 두부 사오라고, 계란 사오라고 하는 날이 많았어. 사실 아빠가 귀찮은 것, 비효율적인 것을 못 견뎌하는 사람인데도, 아빠는 별로 귀찮은 표시 안내고 반갑게 요청을 들어 주었다. 사실 그 시절에는 아빠도 정신없이 바빴거든. 연구소 일에 학교 업무에, 강의에, 또 연구물도 많이 내놓던 시절이니 아마도 초단위로 시간을 쪼개 쓰고 있었을 거야. 그런데도 아빠는 항상 반갑게 전화를 받아 주었다. 싸우고 출근해 온갖 고민을 하다 큰 맘 먹고 전화하면, 아빠는 힘차면서도 따뜻한 목소리로 서운함을 날려주었다. 물론 아빠가 먼저 전화를 걸어도 엄마는 마찬가지였지만 말이야.

만우절 같은 날 '큰일 났다'고 '당신 보고 싶어서 죽을 것 같다'고 하는 엄마의 시덥잖은 장난 전화도 언제나 유쾌하게 받아주고, 아무 때나 전화해도 아빠는 참 반갑게 전화를 받아준다. 정말 바쁜 때 전화해도 엄마 목소리가 반가운 걸까?

바쁘면 바쁠수록 가까운 사람을 소중하게 관리해야 한다는 것이 엄마의 소신이다. 인간관계는 유리 꽃병을 들고 있는 것과 같아서 자칫하면 깨지기 쉽거든. 10여년간 쌓아온 우정이 소소한 말 한 마디로 소원해 지기도 하고, 한 번의 짜증이 발단이 되어 고객을 잃는 경우도 있고, 한 번의 투정으로 영원히 직장을 잃는 경우도 있다. 나는 열 번 중에 한 번 스트레스를 표현한 것인데 상대에게는 그 한 번이 100%가 되기도 하기 때문이다.

　부부라고 해서 다르지 않다. 오히려 부부니까 더 소중하게 대해야 한다. 친구나 남은 아무런 절차 없이 안 보고 헤어질 수 있지만 부부는 그렇지 않거든. 절차도 필요하고 어마어마한 상처와 후유증을 남기게 되지. 엄마, 아빠처럼 몇십년 살다보면 조금은 믿는 구석이 생겨, 때로 퉁명스럽게 말해도 조금은 받아주고 이해해 주기도 하지만, 결혼생활은 유리병 같은 인간의 마음을 붙잡고 평생 살아가는 것이라 이 나이에도 반가운 말투는 필수다.

　엄마 생각에는 네가 앞으로 더 바빠질 것 같아. 결혼을 한다는 것은 그만큼 관계망이 넓어지는 것이니 사람을 대하는 일들도 많아질 테고, 하던 일도 계속해야 하고, 시댁 경조사에, 가사 일에, 육아에 물리적 신체적으로 많은 일들을 해야겠지. 게다가 정신적으로도 더 바빠질 거야. 그렇게 바쁘다보면 스트레스가 더 많아질 테고, 힘들고 지치는 날도 그만큼 많아지겠지. 그게 가장 가까운 사람인 남편에게 전가될지도 몰라. 그래서 바쁜 날 아무 생각 없이 공연히 전화하는 다정한 남편을 슬프게 할 수도 있을 거야. 바쁜 때 전화해도 반가운 목소리로 사랑을 확인시켜 주렴.

　엄마가 직장생활을 하면서 가장 공들인 게 전화를 밝고 친절하게 받는 것이었어. 목소리가 전화 저편의 사람 기분을 좌우하거든. 마치 전화안내원처럼 '솔'음으로 '네에!! 알겠습니다. 최대한 노력할게요!' 그러면 안 되는 일도 되는 경우가 생기더라고. 평상시에도 죽는 소리를 하고 아픈 소리한다고 아무도 나를 도와주지 않아. 오히려 짜증만 키울 뿐이지. 그래서 지인들은 엄마의 한 옥타브 높은 목소리가 에너자이저라고도 한단다.

　너는 반론할지 몰라. 가족이나 남편에게 스트레스를 못 풀면 누구에게 푸냐고. 맞는 말이야. 그러나 스트레스를 풀 수 있도록 도움을 요청하는 것과 예고 없이 퍼붓는 것은 좀 다른 것 같아.

　엄마는 너도 네 남편도 서로에게 최선을 다하며 사는 것이 맞지만, 그래도 우리 딸이 좀더 끈기를 가지고 따뜻한 가정을 만들기 위해 노력했으면 좋겠다. 물론 모든 인간관계는 상대적인 것이라 어느 한 사람의 노력으로 되지 않지만, 엄마 시대의 방식으로는 여자가 조금 더 참아주고 받아주고 이해해주고 맞춰주며 살았다. 어쨌든 너희들 세대는 너희들의 아름다운 방식으로 바쁠 때 전화해도 서로의 목소리를 반가워하며 살기를 바란다. 그리하여 목소리만 들어도 위로가 되는 삶을 살아라.

어때? 네 남편이 전화하면 솔음으로 한번 받아볼까?
'왜~에에에? 뭐가 필요해서 전화했어? 여보오~옹!'

송곳 말고
넛지 하라

    Nudge(넛지)는 '주의를 끌기 위해 팔꿈치로 슬쩍 찌르다', '주의를 환기시키다' 등의 뜻으로, 부드러운 개입으로 큰 성과를 낼 수 있다는 경제학적 개념을 '넛지 효과'라고 한다. 구매 의사를 묻는 것만으로 구매율을 35% 올릴 수 있다든가, 작은 그릇으로 식사를 하면 보다 효과적으로 살을 뺄 수 있다든가, 높은 금연율 뉴스가 더 많은 금연을 유발한다는 것 등은 '넛지 효과'로 설명될 수 있다.

    네델란드 암스트레담의 시키폴 공항 남자화장실에는 '화장실 청결' 등의 훈계나 명령조의 캠페인 하나 없이 소변기 밖으로 튀어나오는 소변 량의 80%를 줄였다고 한다. 남자 소변기 중앙에 조그만 파리 한 마리를 그려 넣어 남자들의 공격적인 성향을 살짝 이용한 결과다. 한때 우리나라 남자 화장실에 많이 있던 표어가 생각난다. '남자가 흘리지 말아야 할 것은 눈물만이 아니다.' 라는 매우 은유적이고 감성적인 표어다. 그러나 이 표어는 은유보다는 직설적인 표현을 선호하는 남자들에게 별 효과가 없었던 것 같아. 그래서 넛지 효과를 높이기 위해서는 대상을 정확히 파악하는 전략이 필요하다.

가정은 넛지를 가장 효과적으로 활용할 수 있는 곳이다. 부부는 평등하게 살아야 할 뿐 아니라, 남녀가 각기 다른 성향을 간직한 채 살다 보니 명령하거나 훈계해서 바꾸기는 어렵다. 게다가 사람들은 기본적으로 훈계나 명령을 듣기 싫어하기 때문에 역효과가 나는 경우가 더 많다. 그렇다고 개선이 필요한데 그냥 보고 넘길 수 없다고 효과도 없이 진만 빠지는 잔소리를 하거나, 송곳처럼 콕콕 찔러 자존심을 건드리지 말고 힘 덜 들이고 머리로 하는 넛지를 활용해 보거라.

가령 남편이 집안일을 잘 하지 않을 때 '왜 안 해주느냐?'고 비난하게 되면 반감을 일으켜 더욱 안 하게 될 확률이 높아진다. 그럴 때는 약간의 꾀병이나 연약한 척으로 남자들의 보호 본능을 슬쩍 자극하는 방법도 효과가 있다. 또 아이들과 놀아주라고 아무리 잔소리해도 안 놀아 줄 때 '너만 바쁘냐?' '이럴려면 애는 왜 낳았냐'는 등의 송곳 같은 비난보다는 '아이들은 당신과 노는 게 최고라고 하더라. 엄마가 아무리 노력해도 아빠는 절대 못 따라간다더라.' '당신은 아이들과 잘 노는 마법사 같다'와 같은 약간 과장된 칭찬으로 자존감과 책임감을 슬쩍 불러오는 방법도 통한다.

바쁜 아침에 아침준비를 해주면 좋을듯 할 때 '여자들은 아침에 출근준비에 바쁘니 당신이 아침 준비를 하는 것이 맞다'고 논리적으로 따지거나 명령하면 절대 안 할지도 몰라. 한다 해도 불편하게 생각해서 오래 가지 못하던가. 그럴 땐 이렇게 보호본능과 성취욕을 쿡쿡 찔러가며 말해 보렴.
'자기는 밥 박사야. 왜 이렇게 밥을 잘해?'
'자기가 아침 해 줘서 예쁘게 화장하고 출근하네. 당신 마누라 이쁘게 하고 다니니 좋지?'

부부가 함께 다닐 생각을 안 한다면 엄마의 방법을 한번 써보면 어떨까? 아빠는 '이 친구 아니면 놀 사람 없다'며 웬만한 곳은 꼭 엄마를 데리고 다닌다. 원래의 다정함도 있겠지만, 아마도 함께 다니는 것이 혼자보다 좋으니 그리 하겠지? 엄마는 부부동반으로 어디가면 상황에 따른 적절한 아빠 칭찬을 마구 날려준다. '우리 남편은 아이들에게 좋은 아빠다', '책임감 있고 가정적이다', '정 많고 유머가 있다', '내가 생각해도 정말 직장을 사랑한다' 같은 본인이 하기 어려운 셀프 칭찬을 대신 해 주는거야. 물론 남편 자랑질 하는 꼴불견이 되지 않고도 흠잡는 듯 슬쩍 얹는 엄마만의 노하우가 있기는 하지만 말이다. 이러니 아빠가 틈만 나면 엄마를 데리고 다니려는 것도 무리는 아니겠지?

격려는 귀로 먹는 보약이다. 격려와 칭찬을 통해 필요한 것을 슬쩍 환기시켜 주는 것이 가장 효과적인 넛지 방법이다. 이 전략은 필요한 것도 얻을 수 있지만 무엇보다도 인생의 행복과 성공의 가장 중요한 요소인 자존감을 높일 수 있다는데 의미가 있다.

선택의 자유를 보호하면서 힘을 많이 들이지 않고도 삶을 긍정적으로 변화시킬 수 있다면 이보다 좋은 삶의 지혜는 없겠지. 부부가 살면서 굳이 송곳처럼 콕콕 찔러가며 마음을 상하게 할 필요는 없다. 부드럽게 쿡쿡 찔러만 주어도 효과를 볼 수 있다면, 이것이 최고의 방법일 것이다. 사람들은 기본적으로 남에게 쓸모 있는 사람이 되고자 하는 욕구가 있으니, 부드럽게 그 욕구를 끌어내서 내가 원하는 남편을 만들어 가며 사는 것이 지혜로운 아내가 하는 여우같은 전략이다.

송곳처럼 찌르려 하지 말고 부드럽게 넛지 하거라.

활력을 주는 일상의 습관

매일 아침
기도하기

　아침에 일어나 짧고 게으른 기도를 마치고 아빠 손에 가벼운 키스를 하고 일어나는 순간이 고맙다. 잠들 때 아빠 손을 잡고 너희들 이름을 하나하나 부르며 축복을 기원하고 가벼운 사랑표현을 하고 잠들 때가 행복이다.

　아침기도! 묵상도 좋고, 기원도 좋고, 백팔배도 좋을 것이다. 또 굳이 아침이 아닌들 대수겠니? 누군가의 안전과 행복을 위해 간절하고 순수하게 기원할 수 있는 시간을 가지는 것은 그 자체로 의미가 있다. 특히 엄마로서, 아내로서 가족을 위해 온전하게 마음을 모으는 시간은 정말 귀하고 귀하다. 기도의 시작은 아마도 간절함일 것이다. 사랑하는 사람을 지키고 싶은 간절함 그것이 기도의 시작이겠지.

엄마의 게으른 아침 기도는 어느새 20여 년이 넘은 습관이다. 기도를 처음 시작했을 때는 삶이 곤고하고 간절히 바라던 것이 많았던 시절이었으니 기도가 비상구였을 거야. 하루를 시작하고 마치는 것이 살얼음을 걷는 것처럼 두렵던 시절이었다. 돌아보면 모두다 아름답고 그리운 추억이지만 만약 그 시절 엄마와 아빠가 서로를 의지하고 위로해 주는 사랑과, 간절한 기도의 시간이 없었다면 어찌 그 터널을 지났을까 하는 생각도 든다. 그래서 엄마에게 기도는 사랑의 표현이고 간절한 의식이다.

솔직히 말하면 엄마의 기도가 이리 오래도록 이어진 현실적인 이유는 장거리 통근을 해야 하는 엄마의 직업 환경 때문일 거야. 출근을 위해 새벽에 일어나기가 정말 어렵거든. 그래서 꼼지락 거리며 시간을 끌기 위한 대체제로 기도를 지속하고 있는 것은 아닌가 싶어. 졸며 깨며 게으른 기도로 시간을 버는 거지. 또 아빠가 엄마보다 대체로 늦게 일어나니 엄마가 먼저 일어나 아빠 손을 잡고 기도하기도 좋았던 것 같아. 요즘은 새벽잠 없어진 아빠 덕에 혼자 하는 기도시간이 더 많지만 말이야.

어떤 이유로 시작되었든지 엄마의 아침기도는 엄마의 하루 일과 중에 가장 중요한 일이다. 어떤 때는 2분을 채 넘기지도 못하는 건달

기도지만 하루를 기도로 연다는 것은 고마운 일이다. 요즘은 잘 때에도 기도는 아니지만 아빠 손을 잡고 아빠와 너희들 그리고 할머니 이름을 소리 내서 부르며 '오늘 하루 수고했다. 사랑한다'고 외고 잠든다. 너희들의 영혼에 엄마의 목소리가 공명되도록.

형식은 과연 내용을 지배하는가에 대한 논쟁이 붙은 적이 있다만, 그런 철학적인 논쟁이 아니더라도 엄마는 형식은 아주 많은 부분 내용을 지배한다고 생각한다. 옷에 따라 행동이나 마음자세가 달라지는 경우도 있고, 형식을 제대로 갖춘 곳에서는 그에 걸맞는 행동을 하게되는 것처럼 형식은 내용을 지배한다. 그래서 이런 기도의 형식이 때로는 순간순간 마음을 다 잡는 중요한 내용을 불러내곤 한다.

엄마가 기도할라차면 아빠는 잠결에도 손을 내밀어 준다. 사실 부부싸움이라도 한 날이면 정말 손잡기 싫어지기도 해. 그러나 정말 내일을 알 수 없는 세상에 아침에 손도 안 잡아 주고 내보내는 것은 너무 슬프지 않니? 그래서 기분이 나쁠 때는 빠르게 아주 아주 빠르게 건성으로 하지만 그래도 기도를 빼 먹지는 않는다. 사실은 싸워서 안 한 날도 있을 거야. 기억이 안 나서 그렇지.

엄마의 기도 순서는 매일 똑같다.

'오늘 이 아침을 맞이하게 해 주심에 감사하고, 인생의 소풍 마치는 날 즐거웠노라 행복했노라 아름다웠노라 말할 수 있도록 살게 해 주시고, 가능하면 한 날 한 시 손잡고 가게 해 주시고, 사랑하는 우리 딸과 아들 그리고 사위 우리 집안의 귀한 젊은이들 한 명 한 명 그들이 바라는 소망이 이루어지도록 해 주시고, 그들의 삶이 아름답고 지혜로워서 누군가의 힘이 되도록 이끌어 주시고, 할머니의 기도가 지치지 않게 살펴 주시고, 그리고 나의 하루를 이끌어 주시고'

그리고 마지막으로 가족 외에 누군가 한 사람 혹은 무언가를 위해 기도를 한다. 우리 가족만 하면 너무 속 보이지 않겠니? 기도를 마치고 아빠 손등에 키스하면 엄마의 아침이 시작된다.

너무 소소하고 형식적인 것처럼 보이는 이 의식은 엄마에게 매우 중요하단다. 아무 것도 해주는 것 없는 엄마가 떨어져 사는 너희들의 사랑스런 이름 한번을 부를 수 있는 시간이어서 그렇고, 더 이상 바랄 것 없는 엄마의 삶에 감사하는 시간이기도 해서 그렇다. 몇십 년을 이어오신 할머니의 기도가 늘 이루어지는 것은 어쩌면 그 간절함이 변연계의 공명을 일으켜서 일 것이다. 간절함은 그 어떤 것보다 힘이 세다. 너희들을 잘 키웠으니 이제 엄마가 할 일은 너희들이 바른 선택과 지혜를 가지도록 기도함으로써 변연계를 공명시킬

일밖에 없구나.

또 기도를 하면 이름을 부를 수가 있어 좋다. 이름을 크게 불러주는 것은 그 사람의 삶에 긍정적인 에너지를 넣어 줄 수 있다고 한다. 성명학에서는 이름을 부를 때 각 글자가 가지고 있는 파장이 사람의 뇌파에 전달됨으로써 삶에 영향을 준다고 주장한다. 그래서 좋은 이름을 지어야 하고, 많이 불러주어야 한다고 한다. 엄마는 기도할 때나, 좋은 생각을 할 때 너희들의 이름을 소리 내서 부른다. 또 가능하면 아빠에게 '사랑하는 내 남편, 훌륭한 그대, 잘 생긴 내 남자!'라고 크게 말한다. 엄마가 가장 자주 하는 말은 '당신은 왜 이리 훌륭해?'다. 그래서 아빠가 점점 훌륭해지고 있는 건가?

그동안 엄마 삶에 찾아온 셀 수 없는 감사와 은혜는 아침 기도의 효험도 있겠지만, 간절한 마음의 힘도 있었을 것이다. 그러니 혹 아침이 어렵다면 잠자리에 들 때도 좋고, TV 보면서도 좋고, 걸어갈 때도 좋다. 함께 손잡고 간절한 마음과 사랑을 나누는 기도를 해라. 이름도 불러주고 사랑한다고도 해주어 좋은 파장을 가족의 삶에 보내주어라.

말 나온 김에 아침이든 저녁이든 비슷한 시간에 잠들고 일어나는 습관을 들이면 좋을 것 같다. 너는 특히 늦게 자고 늦게 일어나는 습관이 있으니 그렇게 되면 일찍 출근해야 하는 네 남편은 늘 혼자 자고 혼자 일어날 수도 있겠지? 가능하면 서로 조금 양보해서 같이 잠들고 일어나도록 해라. 따뜻하게 살을 맞대고 손을 잡고 함께 잠들렴. 물론 너무 구속하지는 말고.

강아지처럼 뛰기

옛날 네가 고3때 대학입시 준비하느라 야간자습하고 독서실 들렀다가 새벽 한 두시에 집에 오곤 했었다. 그러면 전기와 물을 엄청 아끼는 무심한 엄마는 거실에 있는 작은 등 하나만 남기고 모든 불을 끄고 자곤 했었지. 피곤에 지친 엄마, 새벽기도 가셔야 하는 할머니, 잠을 못 이기는 아빠, 어린 네 동생까지 모두 자고 있어서 너를 맞이해주는 사람이 없었어. 사실 엄마도 그 당시 초임 장학사 시절이라 야근에 시달리며 힘들게 지내기도 했지만, 왕복 2시간 이상을 매일 자가운전으로 출퇴근해야 했으니 최소한의 수면시간 확보는 생존의 문제이기도 했다.

그렇지만 이런 핑계가 너의 고3의 고단함과 막막함에 대한 위로가 되지는 않았겠지. 그래도 착한 우리 딸은 불평 대신에 문제 해결을 위해 강아지 한 마리 키우자고 제안을 했단다. 캄캄한데 들어와 아무도 반겨주는 사람 없는 썰렁함이 싫으니 반갑게 맞아주는 대상이 필요하다는 거였어. 그래서 키운 강아지 이름이 뭐더라? 초코던가?

그런데 그놈은 기대처럼 너를 반겨주진 않았던 것 같아. 네가 현관문 열고 들어오면 막 뛰어가 꼬리를 흔들며 반가워하길 바랐는데 제 집에서 턱 괴고 멀뚱거리며 바라만 보고 있었다며? 아빠가 들어오면 이리 뛰고 저리 뛰고 전쟁 통에 헤어진 부자처럼 반가워하는 데, 어째 너한테는 그랬는지 몰라. 동물은 정직해서 투자한 시간만큼 정을 준다고도 하고, 나름 서열을 정해서 대한다고도 하니, 아마도 아침 일찍 나갔다 밤늦게 돌아오는 너와 정들 시간이 부족했을 수도 있고, 서열이 중요한 개세상에서 네 서열이 엄청 뒤였는지도 모르지. 어쨌든 네 기준에서 강아지가 강아지 역할을 다하지 못했으니 네가 강아지를 돌보지 않게 된 것도 무리는 아닐 거야.

인터넷에 보니 '개에게 배울 10가지'란 것이 있더구나. 혼내도 그때뿐이고, 전날 간식을 안 줬다고 주인에게 불만을 품지 않는다든가 하는 것들이 있었다.
그 중에 가장 마음에 닿는 배울 점은 '기쁘면 뛴다'는 것이다.

강아지들은 온 몸을 다해 기쁨을 표현해 준다. 그래서 많은 사람들이 강아지를 반려동물이라고도 하고 애완동물이라고도 한다. 표현하는 것 특히 상대에게 즐거움, 감사함, 미안함, 고마움을 표현하는 것, 그것도 약간은 과장되게 표현하는 것은 상대에게도 그렇지만 자신에게도 활력을 준다.

가정에서 아내의 역할은 무엇일까? 아내의 어원을 '안의 해'라고 말하는 사람도 있다. 다른 해석도 있지만 엄마는 이 해석이 좋다. 엄마, 아내의 표정과 행동은 집안의 분위기를 좌우한다. 아내는 가정 안의 해니까. 결혼을 했으면 상호간에 일정부분 책임과 의무를 요구 받는다. 남자는 남자대로 할 일이 있지만 여자는 엄마로서, 아내로서 가정을 밝게 할 책임이 있다. 만약 그 역할을 다하지 못하면 네가 초코를 외면했듯이 외면 받을 수도 있겠지.

사실 가정이 무엇이겠니? 남편이든 자식이든 하루 동안 지친 몸을 기댈 곳, 따뜻하게 대해 주는 사람 별로 없는 세상에서 반가워하는 사람이 많은 따뜻한 곳으로의 귀환, 그게 퇴근이라고 생각한다. 해 저물면 빨리 가고 싶은 곳, 하루 동안 참았던 흉보고 싶은 것, 자랑질 하고 싶은 것 죄다 해도 귀 쫑긋 세우고 들어 줄 사람이 있는 곳, 그게 가정이어야 한다.

맞이의식은 가정생활의 활력이고 가정이 제 구실을 다하는 방법이다. 현관문 열고 들어오면 아무리 바빠도 현관까지 달려가 그들이 보낸 힘겨운 하루를 맞이해 주는 것, 아침에 집을 나설 때 현관까지 달려가 그들이 살아내야 할 하루에 힘을 주는 것, 그게 행복한 가정을 만들기 위한 경건한 의식이다. 오래된 영화를 보면 남편이 퇴근하면 부엌에서 일하던 부인이 앞치마에 손을 닦으며 뛰어나와 남편의 코트와 가방을 들어주며 맞이하는 장면이 많다. 물론 지금이야 같이 밖에서 일하니 잠들 때 들어오고 나가기도 하고, 너무 바빠 쳐다볼 시간이 없을 때도 있지만 그래도 특별한 일이 없다면 집에 남아 있을 사람이 또 먼저 집에 온 사람이 보내고 맞아들이는 맞이의식을 해주어라.

요즘 아빠, 엄마의 맞이의식은 닭살이다. 엄마가 대부분 일찍 출근하니 아빠가 현관까지 바래다(?) 준다. 현관에서 엄마 옷차림도 평가해주고, 안아도 주고, 뽀뽀도 해주고, 차 조심 하라고 걱정도 해주고, 힘든 일이 있는 날은 안아주며 안심도 시켜준다. 재미있는 표정으로 '화이팅!' 한번 외치면 마음부터 환하게 출근하게 된다.

아빠가 퇴근할 때는 엄마가 먼저 들어와 있는 날도 많으니 현관 번호키 누르는 소리가 들리면 무슨 일을 하고 있든 현관까지 뛰어가 최대한 귀여운(?) 포즈로 아빠를 맞이한다. 아빠 퇴근할 때 마치 초코가 꼬리를 흔들며 정신없이 뛰듯이.

하루 일 잘하고 제 집 찾아오는 일, 얼마나 고맙고 고마운 일이냐? 알츠하이머 환자를 다룬 드라마 '기억'에서 보니 증세가 심해지니까 자신의 집을 찾지 못하더구나. 이 험한 세상에 아무 사고 없이 집 잘 찾아 돌아와 현관 앞에서 신을 벗는 일보다 더 소중한 일이 어디 있겠니? 상상해 보렴. 그가 혹은 아이들이 보냈을 힘든 하루를.

기적 같은 하루를 살아내기 위해 길을 나서고, 살얼음 같은 하루를 살고 돌아와 짐을 내려놓는 가족을 강아지처럼 맞이하고 보내렴. 그게 엄마가 그리고 아내가 할 수 있는 최고의 서비스다.

  비주얼 씽킹!
초코가 아빠에게 매달려 뛰는 것을 상상해 봐.
그렇게 즐겁게 배웅하고 맞이하기.

포옹과 스킨십 훈련하기

포옹! 따뜻하게 안아주기.

아름다운 말이다. 가만히 소리 내서 읽기만 해도 따뜻함이 느껴진다. 사람의 체온이 왜 36.5인지 아니? 그보다 높으면 안아주기 너무 뜨겁고 그보다 낮으면 너무 섬뜩하거든. 하나님은 인간을 서로 포옹하고 만지며 살라고 체온을 그리 주신 것이란다. 게다가 말랑말랑한 피부라니. 세상의 모든 것들은 저마다 쓸모를 가지고 만들어진다니, 아마도 사람은 서로 포옹하고 만지며 살라고 체온도 살결도 따뜻하고 보드랍게 주셨을 것이라 생각한다.

흔히 한자 '사람 人(인)'을 두 사람이 기대고 있는 형상을 본 따 만든 것이라고 한다. 그런데 엄마 눈에는 누군가 한 사람이 다른 사람을 품에 안고 있는 자세 같아 보여. 기대어 있는 것으로 보면 아래에 있는 작은 사람은 너무 힘들지 않겠니? 큰 사람이 작은 사람을 따뜻하게 안아주며 사는 것 그게 사람 사는 모습이다.

키가 큰 사람, 덩치가 큰 사람이 작은 사람을, 정신적으로 큰 사람이 약하고 지친 사람을, 아직은 무지하고 어린 아이 같은 사람을 지혜가 쌓인 큰 사람이 그리고 재산을 크게 쌓아 놓은 사람이 적은 사람을 안아주고 보살피며 살아가는 게 사람이다. 엄마가 늘 말하듯 베풀고 보듬어야 사람이다. 수위 아저씨에게, 청소 아줌마에게, 너보다 지혜가 부족한 사람들에게, 너보다 약하고 가난한 사람들에게 베풀고 보듬으며 살아라. 그래야 사람이다.

자주 안아주고 만져주거라.
물론 신혼 때는 손도 잡고 싶고, 포옹하고 싶고, 스킨십을 하고 싶어 한다. 그런데 나이가 들면 점점 뜸해지다가 나중에는 서먹해져 '가족끼리 왜이래?"가 된다. 그럼에도 엄마, 아빠는 손잡고 잠들고, 손잡고 걸어 다니고, 손잡고 기도하고, 틈나면 서로 안아주며 늙고 있다. 자다 깨서 다시 잠들 때도 아빠 손에 뽀뽀 한번 해 주고 잔다.

안아 주고 손을 잡아주고 살을 부비는 것이 부부로 잘 사는 것과 어느 정도 상관관계가 있는지는 잘 모르겠지만, 분명한 것은 부부임을 확인하며 사는 데는 어느 정도 도움은 준다는 것이다. 너희들이 항상 말하듯 엄마와 아빠가 흔하지 않은 부부생활을 하는 비밀 열쇠는 바로 포옹과 스킨십이다.

그렇지만 엄마, 아빠의 포옹과 스킨십이 처음부터 쉬웠던 것은 아니다. 전형적인 충청도 사나이인 아빠는 신혼 때 동네에서 어디 갈 때 손이라도 잡을라치면 슬그머니 손을 빼거나 손가락만 잡게 했어. 그렇지만 애정 결핍 증상(?)이 있는 엄마가 끈질기게 만지작거리면서 훈련한 덕에 스킨십과 포옹이 자연스러워졌다. 요즘은 엄마가 손을 잡지 않으면 아빠가 엄마 손을 찾으니 훈련이 무섭기는 무섭지?

앤서니 그랜트 교수의 연구에 의하면 포옹이 스트레스 호르몬이라 불리는 코르티솔의 분비를 낮추어 면역성을 강화하고 혈압을 내려주며 심리적 불안이나 외로움을 감소시키는 효과가 있다고 한다. 또 다른 연구에서도 출근할 때 20초 정도 따뜻하게 포옹하고 손잡아 주면 그렇지 않은 부부에 비해 스트레스 지수가 절반 정도 떨어지고, 교통사고 위험도 많이 떨어진다고 한다. 엄마가 항상 주장하는 '부부 한 방 쓰기'도 살을 맞대고 자지 않으면 친밀도는 60% 감소한다고 하더구나. 이런 연구를 굳이 예로 들지 않아도 안아주는 행위는 인정과 애정의 가장 따뜻한 표현방식이다.

신생아 시기에 많이 안아준 아기는 안정적으로 성장할 수 있고 나중에 커서 독립적이고 사교적이 된다는 연구도 있다. 아마도 포옹을 통해 부모의 사랑을 확인할 수 있기 때문일 것이다. 내가 어디에 있어도 부모님은 언제나 나를 보호해 줄 것이라는 신뢰감이 아이에게 독립적인 행동을 할 수 있는 용기를 주는 것일 거야.

신혼 시기는 결혼생활의 신생아 시기와 같다. 자주 포옹하면서 부부로서의 든든한 믿음을 쌓으면 세월이 흘러 아기가 멋진 청년으로 성장하듯이 부부의 사랑도 성장할 것이다. 어떠한 경우에도 나를 지지해 주고 따뜻하게 안아주는 한 사람이 있다는 것을 믿으며 살 수 있다면 아무리 거친 세상이라도 이길 힘이 생기지 않겠니? 아무리 억울하고 분한 일이 생겨도 안길 품이 있다면 좌절하지는 않을 것이다. 자주 안아주고 따뜻하게 손잡아 주면서 '당신 곁에 언제나 내가 있다'는 것을 확인시켜주는 것, 그것은 성장하는 부부가 꼭 해야 하는 발달 과업이다.

스킨십, 포옹, 닭살 몸짓도 훈련이다.
자주 포옹하거라. 그리고 만져주거라.
신혼 때 습관이 평생 갈 것이다.

애교와 유머 활용하기

　얼마 전 직장에서 성희롱예방교육을 받았는데 그 강사가 마무리에 하는 말이 성희롱을 예방하기 위해서는 '여성 직장인들이 애교로 업무를 얼버무리지 말라.'고 하더구나. 성희롱의 책임을 여성에게 돌리는 것 같아 동의할 수는 없었지만, 사실 애교로 살아남으려는 사람들이 가끔 있기는 하다. 직장에서 능력보다는 애교나 인간관계로 어물쩍 넘어가는 사람 특히, 여자들은 엄마 같은 상사에게는 국물도 없지. 여자의 적은 여자라는 말은 아마도 능력 있는 여자의 적이 아니라, 그동안 애교로 대충 살아왔던 여자들의 적이 여자일 것이라는 생각도 든다. 애교가 여자의 전유물이 아닌데도 전통적으로 여자들만의 무기로 여겨지는 데다, 자칫 무능함을 포장하는 도구로 취급당하다 보니 사실 애교는 좀 억울하다.

그러나 엄마는 애교의 위력을 사랑하는 사람이다. 특히 가정에서의 애교는 삶의 활력소가 된다. 애교의 뜻은 남에게 귀엽게 보이려는 태도, 혹은 목소리 표정, 행동 등을 통해 애정을 표현하는 것이다. 귀엽고 정겹게 말하는 것. 남녀 모두에게 필요한 일이다. 엄마나 아빠처럼 자존심 센 사람들은 아무 때나 애교 부리지 않는다. 나를 사랑한다는 확신이 있고 자존감이 높아져 있을 때, 애정 표현 방법으로 애교를 사용한다. 그러니 애교를 너무 멀리하지 마라. '곰하고는 못 살아도 여우하고는 산다'는 옛말이 딱 맞다.

유머 역시 삶의 윤활유다. 개그하라는 것이 아니라 분위기를 반전시키고 활력을 넣기 위한 웃음의 여유를 가지라는 것이다. 그것이 진정한 유머다. 유머의 하이라이트는 유머를 하는 것이 아니라 잘 반응하고 받아들여주는 것이다. 상대의 유머에 넉넉함으로 반응하고, 상대의 공격도 여유 있게 받아들여 삶을 부드럽게 하는 것이 유머다. 유머를 통해 만들어낸 웃음은 즐거움과 행복감을 선물한다. 미셸 오바마는 '부부간의 문제를 너무 심각하게 받아들이지 마라. 웃음은 부부를 하나로 결합시키는 가장 좋은 형식이다.'라고 했다.

유머감각이 없다고 걱정하지 말아라. 유머든 애교든 받아주는 데서 출발한다. 그야말로 웃자고 한 말을 죽자고 달려들면 유머는 애저녁에 틀린 것이다. 상대의 유머를 기꺼이 받아들이기만 해도 유머와 애교는 80% 완성이다.

링컨 대통령은 유머가 많은 것으로 유명하지만 그가 젊은 날 심한 우울증과 망상으로 고생했다는 것은 그리 많이 알려져 있지 않다. 그는 평생 동안 유머로 삶의 좌절과 우울을 날려버리는 훈련을 했다. 매일 유머 관련 책을 보고 다른 사람에게 재미있는 이야기를 들려주고 크게 웃곤 했단다. 의회에서 링컨을 두 얼굴을 가진 이중인격자라고 질책했을 때 난감해 하며 '내가 두개의 얼굴을 가지고 있다면 오늘 같은 중요한 자리에 왜 이 못생긴 얼굴을 가지고 왔겠느냐?' 고 했다는 일화는 유명하다. 멋지지 않니?

프랑스 작가 빅토르 위고는 '인생이 엄숙하면 엄숙할수록 유머가 필요하다'고 했고, 중국에는 '웃기 싫은 사람은 장사를 하지 말라'는 속담도 있다. 인터넷에 떠도는 '오바마의 분노의 통역사' 라는 동영상은 대한민국 국민으로서 재미를 넘어 부러움을 갖게 한다.

가정의 분위기는 그 가정의 운명을 만든다. 적절한 유머와 애교로 웃음이 넘치게 해라. 웃음은 집안의 대문이다. 유쾌한 웃음소리로 행운이 걸어 들어오는 가정을 만들거라. 부부간에 한 푼어치도 안 되는 자존심 가지고 기 싸움하지 말고 유머도 하고 애교도 부려라.
　애교는 능력 넘치는 사람들이 즐겨 활용하는 관계의 도구며, 유머는 따뜻한 사람들이 선택하는 삶의 윤활제다.

　부부에게는 자존심이 없다. 오직 자존감만 있을 뿐이다.
　부부가 걱정할 것은 자존심 상하는 것이 아니라,
　자존감과 사랑이 상하는 것이다.

정성보다
센스 키우기

언젠가 TV에서 남자들과 여자들의 재혼조건을 알아보기 위해 실험하는 것을 본적이 있다. 40대, 50대, 60대 남자들은 '예뻐야 한다'는 것이 첫째 조건이었다. 더 재미있는 것은 70대이신 할아버지도 재혼조건 일순위는 '예뻐야 한다'는 것이었어. 그 할아버지는 이혼을 하신 분인데 첫 결혼 때도 같은 조건이었다고 말해 모두를 뜨악하게 했다.

여자로서 분통이 터지고 한심해 보이기도 하지만 '예쁘다'는 말이 가지고 있는 다양한 스펙트럼과 남자들의 표현력을 이해하면 수긍이 가기도 한다. 남자들의 단순한 언어 표현력으로는 여자들의 다양한 매력을 표현하기 어려우니, 가장 쉬운 '예쁘다'로 통일해서 사용하는 것은 아닐까 하는 생각도 든다. 엄마보고 예쁘다고 하는 아빠를 보면 남자들의 '예쁘다'의 사용범례는 상상초월이다.

그렇지만 엄마는 센스 있는 여자가 예쁜 여자보다 갑이라고 생각한다. 엄마의 경험으로 센스 있는 여자는 옷도, 살림도, 말도, 화장도 그리고 음식도 잘 한다. 센스는 그 사람이 가지고 있는 총체적 감각이기 때문이다. 그래서 센스 있는 여자는 예쁘다. 그러나 예쁜 여자가 다 센스 있지는 않다.

엄마는 가정의 활력을 위해 특히 음식 센스를 가지기를 권한다. '예쁜 여자는 소박맞아도 음식 잘하는 여자는 절대 소박맞지 않는다'는 옛말도 있지만 음식에 대한 센스는 결혼 생활에 즐거움을 주고 삶의 의지를 선물한다. 사실 요즘에야 밖에서 사먹는 경우가 많아 입맛은 어느 정도 표준화되어 있고, 그 표준화된 입맛을 맞추는 조리법은 인터넷에 널려 있다. 게다가 서로 바쁘니 밖에서 식사하는 경우가 많아 음식이 결혼 생활의 중요한 요소가 아닐 수도 있다. 그럼에도 엄마는 음식은 가정의 활력을 준다고 믿는다.

우리는 대체로 집밥에 대한 향수가 있고 그리움이 있다. 왜냐면 집밥에는 가족에 대한 배려, 그리고 삶에 대한 이해가 들어 있기 때문이다. 그러나 먹고 싶은 것이 무엇인지, 입맛은 어떤지를 잘 살펴가며 밸런스를 맞추어 해주는 한 끼 집밥은 정성도 필요하겠지만 센스만으로도 충분할 때가 많다.

전날 배가 터지도록 쇠고기로 회식을 한 다음날 육수를 정성껏 내서 끓여준 쇠고기 무우국과 대충 끓여 낸 김치 콩나물국 중 어느 것이 맛있을까? 3차까지 진한 술자리 회식을 한 다음날 영양성분이 고루 살아있는 요구르트와 토스트 그리고 적당한 비타민 보충을 위한 과일까지 잘 차려진 아름다운 아침식사가 땡길까? 김치만 달랑 있어도 시원한 북어해장국이 있는 소박한 식사에 감동할까?

그런데 많은 경우 음식은 상대에 대한 고려보다 나의 정성에 더 가치를 둔다. 시간과 정성을 들여서 요리를 해 주었는데 그것을 몰라준다고 서운해 하고, 식탁에 대해 예의가 없다고 화를 낸다. 물론 전날 회식 메뉴가 무엇인지를 어떻게 일일이 다 아느냐고 하겠지만 그런 정도의 영업 비밀은 평범한 아내라면 아는 방법이 있다. 사랑은 내가 원하는 것을 주는 것이 아니라 그가 원하는 것을 해주는 것이다. 게다가 집에서 먹는 음식은 '요리'가 아닌, 피곤하고 힘들 때 생각나는 그냥 '밥'이다.

요즘이야 엄마, 아빠 둘이 살아서 그다지 음식을 자주 하지 않지만, 너희들 키울 때는 외식을 하면 너희들이 잘 먹는 것은 재료나 접

시차림 방법 등을 잘 살폈다가 집에 와서 비슷하게 흉내 내서 해주 곤 했었다. 사실 한국 음식의 프로세스가 거의 비슷하거든. 그러면 너희들이 우리 엄마는 뭐든지 잘한다고 엄지 척 해주었던 기억이 난 다. 너희들 소풍날이며 새벽 4시부터 일어나 선생님 것이며, 친구들 것까지 넉넉하게 싸서 들려주던 김밥은 나름의 엄마 노릇이었다. 그 렇게 너희들을 보내고 졸음을 참으며 허겁지겁 출근하는 길은 행복 했다.

아빠가 처장 하실 때는 아빠 부서에 직원들이 발령나면 '연말이 기대됩니다'가 인사였어. 연말이면 고생한 직원들을 집으로 초대해 서 저녁도 먹고 윷놀이며 민속놀이를 하는 특별한 행사를 했거든. 어떨 때는 한 20여 명이 온 적도 있었어. 사람들은 엄마에게 '직장 다 니면서 언제 이렇게 음식 준비를 하느냐? 퇴근하고 그 짧은 시간에 어떻게 한거냐?' 감탄하기도 하고 놀라기도 한다. 그러면 엄마는 이 렇게 답하지.

"제가 음식 좀 하는 친구들이 여러 명 있거든요."

믿거나 말거나 엄마가 솜씨 좋고 깔끔한 동네 반찬가게 아줌마들 하고 조금 친하거든. 나물이나 튀김같이 손 많이 가는 것들은 그런 친구들 도움 좀 받고, 수고한 친구들에게 적정한 비용을 주면 되지 않겠니? 물론 약간의 마무리는 엄마가 해서 우리 집 손맛을 가미하지만 말이야. 나물은 약간의 통깨와 참기름을 더 넣어 조물락거리고, 잡채는 고기 조금 더 볶아 섞고, 튀김은 한번 더 튀겨내고, 멸치고추볶음에 멸치 조금 더 볶아서 섞어내면 근사한 홈메이드 요리가 탄생하는 거야. 거기다 엄마가 가장 잘하는 수육과 새우 부침을 하면서 압력밥솥이 '칙칙' 거리면 적당한 음식냄새와 훈기로 잔칫집 분위기가 나지. 초대받은 손님들은 이 분위기에 감격해서 설거지나 뒷정리는 자진해서 해준다. 사실 직원들은 음식의 종류나 맛이 중요한 것이 아니라, 그저 요즘 세상에 집으로 초대해주는 아내를 둔 아빠가 부러울 뿐이지. 그러고 나면 아빠는 설거지며, 집안 청소며, 마사지 서비스까지 풀버전으로 대령해 주곤 했다. 엄마는 호사를 누리며 아빠의 코털 하나를 더 뽑아내서 엄마 편으로 길들이는 거야.

물론 음식 잘하는 친구보다 식당하는 친구를 더 많이 둔 아빠는 엄마 직장 동료들에게 식당밥으로 인심을 얻지만 말이야.

엄마는 미국의 마샤 스튜어트 여사의 '홈 메이드 쿡'의 개념은 미국여성의 활동성을 신장시킨 혁명이라고 생각한다. 그녀가 말하는 홈 메이드 쿡은 80%쯤 완성된 냉동요리를 프라이팬에 살짝 데워서 후추 좀 치고 '엄마의 그릇'에 담아내는 것이다. 스튜, 매쉬드 포테이토, 빵 등은 한국 음식으로 치면 밥이나 국, 나물과 같은 것들이지만 전 공정을 집에서 해야 홈 메이드 집밥이라고 생각하는 미국인은 아무도 없다. 1965년대까지 미국의 전업주부가 가정에서 요리하기 위해 보내는 시간은 하루 평균 2시간 이상이었다고 한다. 그러나 30년 후인 1995년에는 절반으로 줄었다는구나. 아마도 현재는 그보다 더 줄었을 거야. 물론 이런 시간 절약을 비만의 원인으로 보는 사람도 있지만, 이것은 황톳길이 향수를 부르니 불편하더라도 시골길은 아스팔트로 포장하지 않았으면 좋겠다고 하는 도시인들의 이기심과 같다.

집에서 식사준비를 하다보면 한국 여성들의 권리나 직업적 성공이 더딘 이유가 엄청난 시간과 정성을 요구하는 한국음식 탓이 아닌가 하는 생각이 들 때도 있어. 나물무침만 해도 원재료를 다듬고, 씻고, 삶고, 무치고 그리고 접시에 담아내야 한다. 게다가 무치는데 드는 양념은 또 얼마나 많게. 전 공정을 다하기 위해 쏟아야 하는 시간과 에너지를 생각하면 요리를 주로 해야 했던 과거의 여자들이 제대로 자기 발전을 위한 시간을 가진다는 것은 애저녁에 틀렸다.

한국에서도 이제 '집밥'의 개념을 조금 바꿔야 한다. 손 많이 가는 나물이니 찌개의 전 공정을 집에서 해야만 집밥이 아니다. 반조리된 것, 냉동된 것에 센스와 정성을 적당히 가미해서 모두가 행복하게 식사할 수 있다면 그것이 집밥이다. 오히려 반조리되거나 냉동된 것들이 위생적이고 친환경적으로 맛있게 공급되도록 사회적 안전망을 요구해야 한다. 요즘 대도시에서는 위생적으로 반조리된 음식을 새벽마다 배달해주는 서비스도 많다니 세상의 양심적인 친구들의 도움 받는 것을 주저하지 말아라. 어차피 사람은 모든 일을 다 잘 할 수 없다. 너는 다른 일을 잘하고, 그 친구들은 요리를 잘 하는 것이니 상호 보완하며 사는 것이 따뜻한 세상이다.

약간의 시간과 정성, 그리고 센스로 가족들의 건강과 행복한 시간을 가질 수 있다면 그것이 '엄마표 집밥'이다. 또 아빠표 집밥인들 어떻겠니? 그러니 음식은 정성이라는 것에 지레 겁먹고 아예 포기하지 말거라. 그 기나긴 공정을 다 하느라 시간을 낭비하고, 에너지를 소진시키고, 정체성을 의심하지 말라는 말이다. 오히려 엄마의 센스로 차려진 식탁에 둘러앉아 웃음꽃 피우는 가족을 상상하거라.

음식은 절대 정성이 아니라 센스다.
그리고 가족에 대한 소소한 사랑의 표현이다.
그러니 시간 나면 틈틈이 집밥 해서 먹어라.

침대에서
잘 놀기

　이상하게도 결혼 전에는 부끄럽거나 남사스러운 일이 결혼하면 자랑스러운 일, 좋은 일이 되는 일들이 더러 있다. 그 중에 하나가 침대에서 노는 일이다. 지금은 모르겠지만 엄마 때만 해도 성생활에 대한 이야기는 결혼한 사람조차도 남부끄러운 이야기라고 감추곤 했었다. 그러나 엄마 생각은 신이 부부에게 준 가장 생산적이고 아름다운 선물이 부부의 성생활이라고 생각한다. 게다가 침대는 부부에게 주신 참 좋은 놀이터다. 그러니 결혼을 했으면 침대에서 잘 놀 수 있는 방법을 연구해야 한다. 다행히 신은 침대에서 잘 놀라고 섹스라는 멋진 놀잇감을 선물로 주셨다. 섹스는 신이 부부에게 주신 가장 재미있고 생산적인 선물이다. 그 선물을 귀하게 여기면서 싸우지 않고 잘 놀면 너희들처럼 사랑스런 아이도 생기고 평생 해로하며 즐길 수도 있단다.

모든 놀이에는 규칙이 있고 그 규칙을 잘 지키기 위한 배려가 있기 마련이다. 이것을 잊으면 놀이는 깨지고 결국은 싸우다 울며 각자의 집으로 흩어지는 결말을 맺곤 하지. 어려서 잘 놀다가 갑자기 싸우고 울며 들어온 기억이 있지? 대개는 누군가가 심통을 부려 규칙을 깨거나 고집을 피워서 판이 깨지는 경우다.

부부의 성생활도 놀이라면 규칙이 있어야 하고 이를 잘 지킬 의지가 있어야 오래 놀 수 있다. 놀이의 규칙을 정하기 위해서는 서로를 살펴서 일방적으로 유리하거나 불리하지 않게 하려는 배려가 절대적이다. 준비가 되어 있을 때를 기다려 준다든가, 어떤 순간에도 상대를 격려해 준다든가, 새로운 놀이 방법을 함께 만들어 본다든가, 누군가 놀고 싶어 하면 하던 일을 뒤로 하고 함께 놀아준다든가 하는 것들도 중요한 규칙이다. 한 남자와 한 여자가 서로에게 평생 충실하겠다는 약속이 결혼인 만큼 성적으로도 서로에게 충실하고 신뢰로와야 하는 것은 더 말할 필요도 없다. 어쩌면 이것이야말로 가장 중요한 부부간의 약속일지 모른다.

어쨌든 엄마가 살아보니 침대에서의 놀이는 다른 놀이와 마찬가지로 협동과 배려 그리고 칭찬이 제일 큰 덕목이다. 부부의 침대놀이는 혼자 하는 것이 아니니 협동과 배려는 당연한 것이다. 일방적인 승리감이나 만족감으로는 그 놀이를 오래 할 수 없다. 서로 협동하고 상대의 마음과 몸 상태를 잘 배려해야 한다.

이상하게도 남자들은 침대생활에 자존심을 걸 때가 있단다. 남자의 매카니즘을 잘은 모르지만 성적 만족감을 통해 생활의 활력을 얻는다고 하더구나. 게다가 아내를 만족시킴으로써 자신의 존재감과 영향력을 확인하기도 한단다. 그러니 서로의 만족감을 높이기 위한 합의된 어떤 방법도 부부에게는 유용하다. 거짓말을 해가면서 기분을 맞출 필요는 없지만 사랑하는 사람이 행복해 하도록 함께 즐기고 칭찬해주는 것도 놀이의 한 규칙이다. 고래도 춤추게 하는 칭찬을 마음껏 활용해 그를 춤추게 하거라.

프로이드의 심리성적 발달이론의 핵심은 성 에너지가 신체의 어디에 집중되어 있는가에 따라 인간의 발달단계를 나눈 것이다. 그리고 그 성적 에너지가 어떻게 충족되느냐에 따라 성격이 발달한다고 주장했다. 특히 발달 초기의 성적 본능의 충족 경험이 평생을 간다는 것이다. 엄마의 경험으로 볼 때 결혼의 성생활도 프로이드의 발달단계처럼 일정한 단계를 가지는 것 같다. 만 5세 이전의 초기경험이 성격을 결정하듯, 신혼 때의 성적 경험이 평생 부부생활을 결정한다. 서로 잘 배려하고 서로를 탐구해 가고, 가끔은 새로운 도전으로 놀이에 흥미를 더한다면 평생을 질리지 않게 놀 수 있다. 재미있게 놀아라.

옛말에 '낮에는 요조숙녀 밤에는 요부'라는 말이 있다. 부부라면 밤에도 요조숙녀일 필요는 없겠지? 부부는 성생활을 통해 사랑을 확인한다. 누가 누구를 리드한다기보다 부부생활도 서로의 요구를 충실히 들어주고 함께 함으로써 충만해 지는 것이다. 피곤해도 원한다면 가능하면 함께 보조를 맞추어 주어라. 사랑하는 사람을 외롭게 방치하지 않는 것도 행복한 부부의 책임을 다하는 것이니까.

즐기는 젊음도 잠깐이다.
나이가 들면 그 기운도 사라지는 법이니,
침대에서도 충실하게 서로를 사랑하고 아끼거라.

우리에게 사랑할 시간이 그리 많지 않단다.

하루 만에
꽁함 풀기

'꽁하다.'의 사전적 의미는 동사로는 '무슨 일을 잊지 못하고 속으로만 언짢고 서운하게 여긴다' 형용사로는 '마음이 좁아 너그럽지 못하고 말이 없다'는 뜻이다. 잊지도 못하고 그렇다고 표현도 못하고 속으로만 서운하게 생각하는 행동이나 생각을 의미하는데, 꽁하게 되면 언짢은 것으로 마음 공간을 꽉 채워 다른 생각이 비집고 들어가지 못해 흔히 꽁한 사람을 속 좁은 사람이라고도 한다. 마음에 공간이 없어 생각이 이리 치이고 저리 치이니 화가 나게 되고, 마음이 느긋하게 쉴 공간이 없으니 결국 지치고 피곤해져 마음 문을 닫게 된다.

그래서 꽁한 마음은 대개 화병으로 발전한다. 어떤 의학자는 우리 몸에는 약 60조 개의 세포가 존재하고, 그중에 수만 개의 암세포도 항상 존재한다고 주장한다. 그 암세포는 매일매일 항암면역세포에 의해 잡아먹히는데, 스트레스 등으로 면역세포가 잠깐 기능을 못해 암세포를 방치하면 급속히 커져서 면역세포가 처리할 수 없을 정도로 커진다는 거야. 그것이 병을 일으키는 암덩어리로 자라는 거지. 암의 원인은 매우 다양하겠지만 스트레스를 중요한 원인으로 보는 것도 이런 이유일 것이다. 그러니 마음에 있는 생각을 풀어내지 못하고 꽁하고 있다가 스트레스로 건강까지 해치게 되는 것은 당연하다.

아무리 속상한 일이라도 그것을 말로 표현하고 나면 내 것이 아니라 우리 것이 되고 때에 따라서는 우주의 것이 되어 먼지처럼 사라지기도 한다. 생각은 내 몸을 벗어나면 객관화되는 경향이 있기 때문이다. 고해성사나 상담같은 것들도 마음의 꽁함을 풀기위한 장치는 아닐까하는 생각이 든다. 때로는 싸움도 꽁함을 푸는 한 방법이다. 잘 싸우고 나면 마음을 비우고 새로운 생각으로 나와 상대를 바라 볼 수 있게 되기 때문이다.

엄마와 아빠가 연애하던 시절 가끔 지금의 까페와 같은 다방에 자주 갔었는데, 그 당시는 대부분의 다방에는 열대어 어항이 있었어. 30년을 넘게 산 엄마, 아빠 같은 부부사이도 말로 표현하기 어려운

'마음'이라는 애물단지가 있지만, 연애 시절에는 마음을 표현하기가 더 어려웠던 것 같아. 속이 훤히 보이는 열대어라면 오해할 일도 속상할 일도 없겠다 싶었지. 지금 생각하면 부부간에 속마음을 다 보여주며 산다는 것은 말도 안되는 소리지만 말이다. 부부가 열대어처럼 마음을 다 보이고 살아야 한다면 지금과 같은 결혼제도가 유지될지 장담할 수 없지만, 꽁하게 마음을 닫고 사는 것은 그보다 더 위험하다.

신혼 때 엄마 생일이 다가왔는데 무심한 아빠와 할머니 아무도 챙겨주지 않아서 꽁해 있는 데, 아빠는 그깟 일로 삐진다고 되레 화내는 바람에 엄청 속상해서 싸운 적이 있었어. 꽁해 있어봐야 아무 것도 얻지 못하고 상처만 남기게 된다는 것을 깨달은 후에 엄마가 생각을 바꾸기로 했다. 사실 아빠가 기념일 같은 것에 무심한 것은 사랑이 없어서가 아니라 성격상 혹은 가족을 위해 일하느라 그런 것인데 공연히 속 끓일 필요 없겠다 싶었어. 그 후로 엄마는 생일이든, 기념일이든 미리미리 알려서 받고 싶은 것 받고 행복하게 축하받는다. 그렇게 살다보니 속상할 일도 다툴 일도 줄고 게다가 마음에 드는 선물은 덤이다.

꽁한 마음의 가장 큰 원인은 열등감과 신뢰부족이다. 부부는 총량에서 동등하다. 지식이든, 경제력이든, 외모든, 성격이든, 경험이든 각자의 삶을 다 더하면 결국은 같은 무게다. 사람은 절대 손해 보는 일은 안하거든. 부부가 되었다는 것은 서로간의 손익계산이 끝났다는 것이니 결국 부부를 저울로 달면 총량에서 똑같다. 그러니 오만할 필요도 없지만, 공연한 열등감으로 자존심 싸움할 필요 없다.

열등감은 나를 갉아 먹는다. 일시적인 열등감은 성취의 원동력이 되기도 하지만, 오래 끌고 가면 자신을 황폐하게 한다. 나는 그의 거울 속 모습이고, 그는 나의 그림자 모습이다. 부부는 그래서 닮아간다. 그가 나를 소홀하게 대하면 혹 남편에게 무슨 일이 있는가를 먼저 살펴라. 열등감때문에 자존심 상해하지 말아라. 서푼어치도 안되는 자존심 때문에 중요한 것을 놓치지 말라는 말이다. 부부되면 없애야 할 것은 자존심이고 만들어야 할 것은 자존감이라고 했던가?

또 부부사이에 중요한 것은 믿음이다.
'뭣이 중한디!'라는 유행어를 남긴 영화 '곡성'은 온 가족이 처참하게 살해되고 가정이 풍비박산 난 것은 '믿음'을 잃었기 때문이라는 의미를 전달한다. 부부사이에 제일 중요한 것은 믿음이다. 조그만 불신의 씨앗이 엄청나게 자라는 경우가 많으니, 그를 믿으면 꽁할 일도 서운할 일도 그리 많지 않다. 당할 때 당하더라도 속 편하게 믿고 살면 정신 건강에 좋다.

꽁한 마음을 푸는 것도 연습이 필요하단다. 살면서 서운한 일이 있으면 서운함에 즉각 반응하고 말이든 행동이든 풀어낼 필요가 있어. 꽁한 마음을 풀 정기적인 이벤트를 하거나, 꽁한 마음을 2일 이상 갖지 않기로 서약한다거나, 꽁한 마음을 표현할 때 절대로 빈정거리지 않고 '그래 그랬구나'를 10번 해 주며 공감하기로 한다든가 하는 원칙을 정하는 것도 좋을 것 같다.

어느 부부는 한 달에 한번 편지를 써 주기도 하고, 정기적으로 근사한 곳에서 외식을 하거나, 여행을 하면서 서로의 마음을 이야기하는 시간을 갖는다고도 하더구나. 그까짓 것 무엇이 어렵냐 하지만 살다보면 그런 일들이 그렇게 쉽지가 않거든. 그래서 처음에는 나름의 원칙을 정하는 것도 좋을 것 같아. 아니면 엄마처럼 끊임없는 수다로 서로의 마음을 들여다보는 것도 한 방법일 테고. 어쨌든 공연히 꽁해서 마음이란 놈을 좁은 데서 복닥거리게 하지 말고 확 트인 곳으로 데리고 나오너라.

살아보니 인생 참 별거 아니다. 그리고 그리 길지도 않구나!

그와 내가 하나 되는 약속

싸움 규칙 정하기

　세상에서 싸우지 않고 사는 부부가 있을까? 엄마, 아빠 사는 이야기 들으면 외계 부부 같다는 소리를 들을 만큼 나름 잘 지내지만 돌이켜 보면 싸우기도 많이 했다. 할머니와 함께 살았고, 싸움 후의 후폭풍을 아는지라 자주 싸우지는 못했지만 헤어질 결심으로 싸운 날도 있었고, 아픈 상처를 견디기 어려워 베란다 근처를 서성인 날도 있었다. 너희들 얼굴 보며 차마 눈물로 견딘 날도 많았던 것 같아.

　그러나 나이가 드니 아빠 표현대로 힘이 빠져서도 못 싸우고 끝이 뻔해서도 안 싸운다. 언제 싸웠는지 기억이 안나는 것을 보면 이제 정말 힘이 빠진 거지? 어쨌든 엄마와 아빠 싸움의 장점은 끝나고 나면 좀더 가까워져 있고, 좀더 효과적으로 싸우는 법을 배우게 된다는 거야. 분명한 것은 부부싸움으로 인해 사랑이 식어가거나 어제보다 더 나쁜 오늘을 맞이하지는 않았다는 것이다. 아마도 죽을 때까지 삐지고 속상하고 열 받으며 투닥거리며 살지도 몰라. 그렇지만 싸운다고 해서 사랑을 의심하거나 갈라서지는 않으리라는 믿음은 있다.

부부싸움은 세상 모든 부부의 필요악이다. 평생 한 번도 싸우지 않았다는 부부를 보면 존경스럽고 부럽다가도 과연 부부로서 정은 들었을까 의구심을 가지게 한다. 어쨌든 가능하다면 덜 싸우면 좋고, 안 싸우면 더 좋겠지만 세상의 모든 부부는 싸운다. 엄마, 아빠를 생각해 보면 신혼 때가 가장 많이 싸웠던 것 같고, 너희들 키우면서도 자주 싸웠던 것 같아. 부부싸움은 사실 둘의 문제가 아니라 외부적인 것들이 도화선이 되어서 싸우고 갈등하다 복잡하게 얽히는 경우가 많거든.

부부싸움이라는 것이 재미있어서 저녁 잘 먹고 느긋하게 TV 보다 갑자기 연속극에 나오는 남의 일에 말꼬리 잡다가 일어나기도 하고, 손잡고 연애 시절 이야기 하다 불쑥 사생결단하기도 하고, 일어나지도 않을 일에 지레 겁주다 등 돌리기도 한단다. 특히 시댁의 일은 항상 싸움의 다양한 소재가 되지. 이런 소소한 싸움들이 제대로 해결을 보지 못하면 골이 점점 깊어지고, 나중에는 언제 서로 사랑하며 살았나를 잊고 원수처럼 지내는 경우도 종종 있다. 부부싸움이 피할 수 없는 숙명이라면 몇 가지 약속을 정해서 지키면 좋다.

첫째, '존댓말'을 하거라

엄마도 평소에는 아빠에게 존댓말을 쓰지 않지만, 싸울 때는 존댓말을 쓴다. '열 받았다'는 신호도 되고, 극도로 거칠어지는 것을 막아주더구나. 모든 싸움이 그러하듯 부부간의 싸움도 주로 말로 상처를 주고받는 경우가 많다. 존댓말을 하면 최소한 욕설이나 거친 표현은 막을 수 있다. 또 상황을 조금은 객관화 시킬 수 있고, 마음을 가라앉힐 수 있게 된단다. 말하는 기술만 잘 익혀도 싸움이 극으로 가지는 않을 것이다.

둘째, '지금' 그리고 '우리'와 싸워라

과거의 일을 고구마 줄기처럼 들춰내면 싸움이 커진다. 아빠하고도 이 원칙을 잘 지킬 때는 싸움이 금방 끝나는 데 '당신은 맨날 그래!' '당신네 살붙이들은 어째 그 모양이야?' '지난번에 내가 참았지만 오늘은 절대~' 이런 말들 나오기 시작하면 세계대전으로 치닫는다.

특히 옆에 있지도 않은 부모나 형제까지 들먹거리면 싸움은 수습이 안 된다. 부모나 가족의 험담은 사이가 좋을 때 하는 것이다. 결혼은 성인인 두 사람이 과거의 가정환경이나 부모의 영향을 벗어나서 자력으로 살겠다고 선포하는 것이니, 부부의 지금의 행동은 오롯이 자신들의 책임이다. 그러니 과거의 경험이나 부모에게 공연히 억울한 누명 씌우지 말아라.

셋째, 그 자리에서 이기려 하지 말아라

사람은 자존심의 동물이라 상대가 비난하는 순간에는 절대로 자신의 실수를 인정하지 않는다. 그게 최소한의 자기 방어라고 생각하기 때문에 이기려 하면 할수록 적개심만 쌓인다. 그래서 옛말에 고양이가 쥐를 몰아도 도망갈 구멍은 열어준다고 하지 않니? 그 자리에서 끝장 보지 말고 적당한 타이밍에 싸움을 접어서 스스로 현명함을 되찾을 시간을 주어라. 사실 엄마의 부부싸움 전법은 '빠졌다 치기'다. 아빠가 화 난듯하면 일단 물러났다가 화가 풀리면 적당한 기회에 KO 시키지. 이 방법이 누구에게나 통할지는 모르겠지만, 가장으로서의 책임감과 자존심이 센 아빠에게는 아주 효과적이었던 것 같아. '지는 것이 이기는 것'이라는 우리 속담은 지혜로운 조상들의 물려준 보물이다.

넷째, 성격 들먹거리지 말아라

성격은 절대로 바뀌지 않는다는 것이 성격전문가들의 주장이다. '담배를 끊는다는 것은 없다. 평생 참을 뿐이다'라는 아빠의 말처럼 성격도 바뀌지 않는다. 평생 좋은 쪽을 드러내며 살려고 노력할 뿐이다. 게다가 절대적으로 좋거나 절대적으로 나쁜 성격은 없다. 사람들은 모두 저마다의 타고난 성품과 기질을 가꾸며 살아간다. 또 각각의 성격은 각각의 강점과 약점이 있다. 원래 가지고 있는 본성, 기질, 성품, 성격 그 자체가 보석처럼 귀하고 귀하다. 그걸 바꾸거나 엎어버리려 하지 말아라. 바꿀 수 없는 것에 매달리면 해결책은 없단다. 부부 싸움을 할 때 문제가 된 행동이 아니라 성격의 단점을 찾아 비난하는 경우 이혼율이 높아진다는 연구도 있다. 네가 네 남편 그대로의 성격에 끌려 결혼했으니 그것을 바꾸려 하지 말아라. 오히려 결혼 후 변한 네 마음을 살펴보아라.

다섯째, 싸우되 하룻밤을 넘기지 말아라

한 번 싸우면 한 달씩 말을 안 한다는 부부도 있다지만, 싸움은 아무리 길어도 하룻밤을 넘기면 안 된다. 화해할 마음이 생기면 즉시 행해라. 먼저 화해했다고 자존심 무너지는 법은 없다. 살아보니 부부 간의 자존심은 내가 지키는 것이 아니라 함께 지키는 것이더구나. 남편이 먼저 화해하려고 하면 분이 안 풀렸든, 화해의 태도가 불량하든 간에 덥석 받아들여라. 다 못한 이야기는 나중에 해도 늦지 않는다. 모든 일에는 골든타임이 있다. 사과의 골든타임도 있지만 받아들이는 데도 골든타임이 있다. 화해를 요청하면 진정성 여부는 나중에 따지고 즉시 받아들여라. 그리고 일상의 대화를 통해 천천히 마무리해도 늦지 않는다. 앞으로는 부부의 자존심은 신혼여행지에 두고 왔다고 생각하며 살아라.

여섯째, 싸움을 너무 널리 알리지 마라

'나의 죽음을 적에게 알리지 말라'는 이순신 장군의 유언처럼 부부싸움을 동네방네 소문내지 말아라. '부부싸움은 칼로 물 베기'라는 말은 살아볼수록 명언이다. 부부끼리는 이미 화해해서 죽고 못 사는데 부모들은 여전히 걱정하고, 자식들은 눈치보고, 친구들은 뒷담화를 한다. 게다가 부부싸움에 부모든 자식이든 친구든 제 삼자가 끼어들면 수습이 안 되는 경우가 많다. 그러니 싸우려거든 방문을 잠그든가, 차속으로 들어가든가 둘만의 공간에서 해라.

그러나 이 원칙의 예외가 있다. 폭력이 개입되면 반드시 알려야 한다. 말이든 행동이든 서로에게 위해를 가하는 정도는 싸움이 아니고 폭력이다. 폭력은 법으로 금지되어 있다. 법적으로 부부이기를 원한다면 이 법은 반드시 지켜야 한다. 그래야 부부다.

부부싸움은 단점만 있는 것은 아니다. 서로에 대한 이해를 넓히게도 되고, 단점을 고쳐 성장하는 계기도 되고, 때에 따라서는 사랑이 깊어가는 순간을 경험하기도 한다. 앞으로 살면서 행복한 순간도 많겠지만 싸워가며 상처 받고 흔들리는 날들도 많겠지. 그렇지만 포기하지도 말고, 이기려고만 하지도 말고 성장하기 위한 싸움을 통해 사랑이 깊어지게 하거라.

절대 각방 쓰기 없기

사실 '부부의 각방 안 쓰기가 행복한 결혼을 보장하는가?'는 여전히 논란거리다. 각방 쓰면서도 아름답고 우아한 사랑을 하는 부부들도 있고, 너무 코를 골거나 직장이나 생활 패턴이 달라서 사랑을 지키기 위한 방법으로 각방 쓰기를 선택하는 부부도 있다. 각방을 쓰고 안 쓰고가 부부 사랑의 척도는 아닐지 모른다. 그럼에도 엄마, 아빠에게 한방쓰기, 아니 한 침대쓰기는 신앙과 같다. 우리 부부가 나이가 들어도 연애하듯 살 수 있는 이유는 불굴의 의지로 지켜온 한 침대 쓰기 덕이라고 생각한다. 게다가 나이가 들면 자다가 갑자기 위급한 상황이 생기는 경우도 많다 하니 앞으로도 절대 각방 쓰지 않으며 살겠지.

엄마와 아빠는 5년간 연애하다 25살, 27살 이른 나이에 결혼을 했다. 대학을 졸업한 지 1년도 안 되는 철없는 나이라 결혼생활에 대한 약속이나 규칙 같은 것을 정할 생각도 못했어. 선배들이 살았던 삶에서 조금만 앞으로 가면 되는 줄 알았지. 사실 지금 생각하면 그 나이에 무엇을 제대로 알기나 했겠니? 더구나 2살 연상 오빠, 아니 그때는 형이라고 했으니 형이랑 결혼하는 데 무슨 규칙이이 필요했겠어. 그냥 '형'이 하자는 대로 하면 된다고 생각했던 것 같아.

그렇지만 '각방은 절대 안 된다'는 것만은 확고했다. 왜 그런 신념을 가지게 되었는지 잘 모르겠지만 부부는 싸워도 절대 각방 쓰면 안 된다는 신념은 종교처럼 가지고 있었어. 이제와 생각해 보니 엄마, 아빠의 결혼생활을 나름 행복하게 이끌어온 첫 번째 원칙인 것 같다.

신혼 초에는 단칸방에 살았으니 아주 집을 나가지 않는 한 각 방을 쓸 수가 없었어. 그래서 별 문제가 없었는데, 결혼 1년쯤 후에 방이 2개 있는 조금 큰 연립주택으로 이사하게 되었거든. 그랬더니 싸우면 따로 잘 공간이 생긴 거야. 어느 날 부부싸움을 했는데 아빠가 이불을 들고 다른 방으로 갔지 뭐니? 그날은 분하고 속상해도 싸움이 커질까 말을 못하고 싸움이 끝난 후 엄마가 말했지.

'이제부터 다른 방에서 자면 그건 헤어지겠다는 것으로 알겠다.'

사실 부부싸움 하고 한 침대에서 자는 게 쉬운 일은 아냐. 서로 등 돌리고 잠자리에 들 때의 비참함이란. 게다가 평소에는 그다지 민감하지 않은데 기분이 언짢으면 잠을 못자는 엄마는 괴로워 미칠 지경인 거야. 비교적 금방 잠드는 아빠가 먼저 침대에 누워 있으면 그 옆으로 들어가는 것이 도살장에 끌려가는 것 같을 때도 있었어. 그래서 다른 방에서 자려고 누웠다가도 원칙이라는 것이 한번 무너지면 뒷감당이 안 되니 억지로 아빠 옆에 누워 몇 시간을 뒤척이다 잠든 적도 많다.

그런데 침대라는 제한된 공간에서 함께 자는 것이 참 희한한 일이더라고. 처음에는 살이 닿지 않으려고 안간힘을 쓰다가도 잠이 들면 나도 모르게 아빠 품에 안겨서 사랑을 나누기도 하고, 살이 맞닿은 포근한 감촉으로 서운함이 스르르 녹기도 하는 거야. 그러다 아침이면 살가운 부부가 되어 일어나는 매력이 있단다.

34년 결혼 생활에 출장 간 날을 제외하면 각방을 쓴 기억이 별로 없으니 나름 약속을 잘 지키며 산 것 같다. 엄마가 아빠 유학시절 별 대책도 없이 휴직하고 아빠 따라 미국에 간 것도 아마도 부부는 같이 살을 맞대고 살아야 한다는 신념이 가장 큰 작용을 했을 거야. 어쨌든 너희들이 어렸을 때도 아빠 옆에는 언제나 엄마가 있었으니 엄마의 병도 알만하지?

그러나 연구에 의하면 한 침대나, 한 방에서 자는 것만으로는 의미가 없다고도 하더구나. 공간의 의미보다는 살을 맞대는 촉각의 역할이 더욱 크다는 거야. 신혼 때는 잠들 때까지 아빠가 팔베개를 해주곤 했는데, 지금은 늙은 아빠 힘 딸릴까봐 손을 잡고 잔다.

취향이 다르면 지혜롭게 서로의 취향을 살려주고, 생각이 다르면 그 생각을 존중해 주어야 하지만 잠만은 한 침대에서 살을 맞대고 자기를 진정으로 권한다. 내 피부가 그의 피부에 닿아도 불편하지 않는 것 그게 사랑의 출발이다. 네 말처럼 만지고 싶어지는 것 그게 결혼의 조건이지 않겠니?

지난 50여 년간 미국의 이혼 상승 곡선은 킹사이즈 침대의 사용량 증가와 궤를 같이 한다는 연구도 있다. 물론 이 연구가 확실한 인과관계를 증명한 것도 아니고, 킹사이즈에서 한쪽은 비워놓고 자는 사이좋은 엄마, 아빠도 있지만 이 말의 의미는 잠잘 때 몸이 닿는 것을 즐기라는 것이다. 엄마는 너희 부부가 매일 서로의 체온이 전해지는 따뜻하고 안락한 잠자리에서 자고 일어났으면 좋겠다.

그러니 절대 각방 쓰지 말고 따뜻하게 살을 맞대고 자거라.

2분간 아무 말 말고 들어주기

　언젠가 숲에서 하는 치유 연수에 참가한 적이 있었다. 프로그램 중에 '비폭력 대화'라는 강좌가 있었는데 이런 실습을 하더구나. 두 사람씩 손을 잡고 눈을 마주보면서 대화를 하는 거야. 방법은 상대가 말할 때 2분간 아무 말도 하지 말고 듣기만 하고, 그 다음엔 서로 바꿔서도 2분간 편하게 말하는 것이었다. 들을 때는 가능하면 2분간 아무 말 하지 말고 눈과 표정으로 충심을 다해 들어 주어야 한다. 처음 규칙을 들을 때는 2분간 아무 말 않고 들어주는 것이 별거 아니라는 생각이 들었다. 그러나 막상 해보니 중간에 끼어들고 싶고, 아는 체 하고 싶은 순간이 생각보다 많더구나. 또 교대로 내가 2분간 방해 받지 않고 말해보니 2분이 의외로 길어서 하고 싶은 이야기를 나름 실컷 하고 '휴' 할 수 있는 충분한 시간이었어. 최선을 다해 진심으로 들어주고 또 아무런 방해도 받지 않고 내 말을 할 수 있었던 경험은 신선했다.

엄마는 말하기도 좋아하고 나름 아는 것, 경험한 것이 많은 편이라 가끔 추임새 한다는 핑계로 끼어들거나, 상대의 말을 잘라먹기도 했는데 그때 그 경험 이후로 웬만하면 2분 정도는 아무 말 않고, 중간에 끼어들지 않고 들어주려 노력한다.

사람의 귀가 2개고 입이 1개인 이유는 2분간 듣고 1분 말하는 2:1의 황금법칙에 대한 신의 명령이라고 한다. 하나님은 이 황금 법칙을 미련한 인간들이 깨닫지 못하니 귀와 입의 형상을 통해 알려 주셨다는 거야. 그러나 대부분의 사람들은 귀가 1개고 입이 2개인 것처럼 남의 말을 듣기보다 내 말을 하는 데 공을 들인다. 어떤 때는 위로해 주겠다고 상대보다 더 말을 많이 하기도 하고, 다 아는 체하고 아예 듣지도 않는다. 그런데 경험해 보면 내 말을 누군가 들어주는 것만으로도 모든 문제가 날아갈 때가 많다. 그 강사가 말했듯 2분간 끼어들지 않고 남이 하는 말을 잘 듣기만 해도 우리의 인간관계는 최고가 될 거야.

2분의 기적. 2분만 들어주기. 2분간 실컷 말하도록 놔두기.

부부가 행복해지기 위한 중요한 규칙 중에 하나는 잘 들어주는 것이다. 지난번에 네가 추천한 영화 'her'를 보면서 외로운 현대인의 배우자는 바로 그녀 같은 사람일지 모르겠다는 생각이 들었다. 그녀가 그의 지친 마음을 위로해 주는 방법은 입과 귀와 마음이 오로지 그의 것이 되어 그의 말을 들어주고 격려해 주고 최고로 여겨주는 것이었다. 안타깝게도 'her'는 인간의 소유욕으로 끝장이 나기는 했지만 엄마가 받은 영화의 메시지는 '사랑은 그의 편에서 들어주고, 아무런 조건 없이 지지해 주는 것' 이라는 것이다.

그렇지만 들어주기는 말하기보다 훨씬 어렵다. 영어에서도 아무리 긴 문장을 말할 수 있다 해도, 잘 들을 수 없다면 의사소통은 이루어지지 않는다. 단어 몇 개만 알아도 의사표현은 할 수 있지만 상대방의 말을 제대로 알아들을 수는 없다. 영어회화의 완성이 listening에 있듯이 대화의 완성 역시 잘 듣는 것에 있다.

잘 들어주기. 부부 대화의 시작이다.

원래 인간은 잘 듣는 동물일 거야. 아이들은 태어나면 말하기보다 먼저 듣지 않니? 게다가 뱃속에서도 듣는다. 그런데 어쩐 일인지 자라면서 남의 말을 듣기보다는 제 말만 하는 경우가 많아진다. 게다가 남이 하는 말을 말로 이해하지 않고 소리로 여겨 '콧등으로 듣는' 경우도 많다. 부부는 더욱 그러하다. 속마음을 다 안다고 생각해 대충

듣거나, 아예 안 듣다가 서로 상처를 받는다. 그러나 부부는 원래 잘 들어주고, 잘 말하기 위해 맺어진 사이다.

부부가 잘 듣고 잘 말하는 것은 정말 중요하다. 마음 속 이야기를 자연스럽게 꺼낼 수 있고, 충심을 다해 들어줄 수 있을 때 부부로 산다는 것이 얼마나 큰 축복인가 느낄 때가 많다. 잘 말하는 것도 중요하지만, 잘 듣는 것은 더욱 중요하다.

잘 듣는 것은 전적으로 훈련이 필요하다. 훈련은 매일 반복적으로 일정한 시간을 정해 지속적으로 하는 게 좋다고 한다. 2분, 5회 3셋트와 같은 식으로 명확한 목표나 수치가 있으면 더 지속성이 생긴다.

퇴근해서 집에 들어오면 손잡고 2분씩 말 들어주고, 말하기를 3셋트 쯤 훈련하면 어떨려나? 쉽지는 않겠지만 매일 계속하다 보면 엄마의 아침 기도처럼 습관이 되지 않을까? 번거로울 것 같지만 부부가 서로 시원하게 말하고 따뜻하게 들어주는 데 걸리는 시간은 4분씩 3셋트 기껏 12분이거든. 세상에서 가장 소중한 사람을 위해 그 정도 시간은 투자할 수 있지 않겠니?

평생 함께 할 좋은 친구를 위해 2분간 잘 들어주기
그리고 2분간 잘 말하기를 훈련해 보자.

셈하기 있기 없기

    셈, 계산은 언어처럼 인간이 가진 유용한 도구다. 아마도 모든 동물들도 각자의 셈이 있을지 모르지만 오로지 인간만이 수와 문자를 이용한 셈법을 사용한다. 이런 셈법을 이용해 인간의 문명이 발달했고 지구상의 가장 영리한 동물로 살아가는 것일 것이다. 그래서 사람들은 저마다의 셈법으로 살아간다.

    옛말에 '셈이 흐린 사람하고는 상종을 말라'는 말이 있다. 그 말은 받았으면 반드시 갚고, 주었으면 언젠가 받는 확실한 인간 세상의 셈법을 모르는 사람은 사람도 아니라는 뜻이기도 할 것이다.

가장 분명한 인간 세상의 셈법은 '세상에 공짜는 없다'는 것이다. 이 셈법은 돈에만 적용되는 것은 아니다. 이해와 배려를 포함한 모든 인간의 행동에 적용된다. 미움을 주었으면 반드시 미움이 돌아오고, 사랑을 베풀면 더 큰 사랑이 온다. 내가 관심 없는 사람이 나에게 관심을 가지기를 바라는 것은 셈이 흐린 것이겠지. '이에는 이, 귀에는 귀'를 강조한 함무라비 법전은 인간의 셈법을 가장 확실하게 보여주는 예일 것이다.

그런 면에서는 부부도 셈이 분명하면 좋을 듯도 하다. 공평하게 돈을 쓰고, 공평하게 일을 나누고, 공평하게 분담하는 것은 이상적인 부부 생활이 될 수 있다. 무언가를 똑같이 나누는 것도 그렇지만, 내가 투자한 시간과 마음을 따져서 무리하게 바라지 않는 것, 그것도 공평한 셈법이다. 요즘 젊은 부부들은 살림에 드는 돈도 정확하게 계산해서 분담하고, 집안일도 정확히 나누어서 한다고 하던데, 너희는 어떤 셈법으로 가정생활을 할 지 궁금하구나. 엄마, 아빠 세대는 '부부는 일심동체'라는 허상에 매달려 오히려 불공평한 셈법을 썼지만 현명한 너희들은 합리적이고 공평한 셈법을 가지고 잘 살 것이라고 생각한다.

엄마의 쓸 데 없는 걱정은 지나치게 셈에 밝아 소중한 것을 놓치지는 않을까 하는 것이다.

돈에 대해서는 셈이 분명한 것이 좋지만 짠순이 소리는 듣지 말고 살았으면 좋겠구나. 돈은 말 그대로 돌고 도는 것이고 써야 재화로서의 가치가 발생한단다. 허리가 휠 정도로 가난하지 않다면 오만하지 않게만 소비하면 된다. 가정경제가 파탄 날 정도거나, 지탄 받을 정도의 낭비벽이 있지 않다면 돈은 쓰고 싶을 때 써야 한다. 그렇지 않으면 그 돈은 엉뚱한 데로 틀림없이 날아간다. 돌고 도는 것이 돈이니 내 것이 아닌 것은 어떻게 해도 내 것이 아니다. 엄마의 조언이 맞는지 모르겠다만, 엄마의 경험으로 돈으로 살 수 있는 것이 있다면 그게 가장 쉬운 일이다. 돈은 네 인생을 여유 있게 할 수는 있지만 행복을 보장하지는 않는단다. 윈스턴 처칠도 '돈을 잃으면 가장 적게 잃는 것이고, 명예를 잃으면 많이 잃는 것이고, 건강을 잃으면 모두 잃는 것'이라고 했다.

돈으로 살 수 있는 일에 시간과 감정을 지나치게 쏟지 말거라.

단칸 월세 방에서 빚을 지고 시작한 엄마, 아빠도 가끔은 돈으로 시간을 사서 사랑을 나누었다. 바쁜 직장인으로 살아온 엄마는 시간을 돈으로 살수만 있다면 가끔은 그 방법을 택했다. 그 시간은 온전히 가족을 위한 것이니 셈이 흐린들 무슨 대수겠니? 어쩌면 그것이 가장 현명한 셈법일 지도 모를 일이다.

만약 가사 노동을 함께 함으로써 사랑을 키워갈 수 있으면 좋지만, 이 문제로 스트레스가 쌓여 사랑을 잃을 것 같으면 가끔은 돈으로 해결해라. 그래서 돈보다 귀한 사랑을 사거라. 요즘이야 전기밥솥, 식기 세척기, 무선 청소기, 세탁소, 반찬집 등 돈으로 대체할 것들이 얼마나 많으냐? 너무 계산기 두드리다 귀중한 시간과 사랑을 놓치지 말라는 말이다.

네델란드 대학에서 이루어진 다이어트 연구에 의하면 일주일에 한번 섭취의 자유를 주는 것이 쉼 없이 식욕을 억제하는 것보다 효과가 더 뛰어나고 한다. A그룹에게는 매일 1500칼로리를 먹게 하고, B그룹은 6일간은 1300칼로리, 7일째는 Cheat Day(속이는 날)로 정해 2700칼로리까지 마음껏 먹을 수 있도록 했더니 2주후 B그룹이 더 많이 감량했다고 한다. 감량은 물론 B그룹은 A그룹에 비해 행복감이 높고 동기부여가 더욱 확실해진 것으로 나타났다. 마음껏 먹을 수 있다는 희망으로 나머지 날들을 잘 견딜 수 있는 의지가 생기고, 마음껏 먹은 다음 날에는 심리적 부담으로 신체 활동을 더 하려 하고, 위 활동도 더 활발해 진다는 것이다.

가정의 경제생활도 비슷하다. 절약과 검소는 누구에게나 미덕이지만 삶의 절대 명제는 아니다. 가끔은 셈을 흐려 여유를 갖는 것이 가정경제는 물론 행복감을 높일 수 있다. 돈만이 아니라 사람 사는 세상에서 받는 대로 주어야 하지만, 주는 대로 받지 않아도 되고, 받는 것보다 더 줄 때도 있어야 한다. 부부는 더더욱 그렇다.

그러니 공연히 서성이지 말거라. 지나친 낭비나 명품에 대한 탐닉, 과도한 물질 의존을 걱정할 정도가 아니라면 가끔은 셈이 흐려라. 그리고 너의 존재나 가치를 해하는 정도가 아니면 손해 보는 셈도 하며 살거라. 너의 일상에 가끔은 Cheat Day를 주어 인생살이에 여유도 주고 의지도 가지면 좋겠다.

남편에게 셈하지 말고, 부모에게 셈하지 말고,
가난한 사람에게 셈하지 말고, 약자에게 셈하지 말고,
친구에게 셈하지 말고, 가족에게 셈하지 말고
넉넉하게 살아라.
돈은 내 복이 있는 만큼만 내 손에 머물고,
인생살이는 반드시 세상의 셈법대로 돌아가지 않는다.
그래서 가끔은 셈하기 있기 없기다.

절대 정직하기

'Honesty is best policy! 정직이 최선의 정책이다.'

엄마가 배운 영어 속담 중에 가장 좋아하는 속담이다. 너희들 키우면서 자주 했던 말인 것도 기억하지? 영어로 말하면 오히려 명확하다. 'policy'는 정책, 수단, 방법이라는 뜻 외에 보험증서라는 뜻이 있다. 정직이야말로 문제를 해결하는 가장 좋은 방법이고 장기적으로는 인생의 보험이다. 양치기 소년의 부정직이 훗날 그를 죽게 한 것을 생각하면 정직은 행복을 담보할 뿐만 아니라, 생명을 지키는 보험증서가 될 것이다. 특히 신뢰를 기초로 행복의 집을 지어가는 결혼생활에서 이보다 가치있는 보험은 없다.

일상생활에서도 정직이야말로 살면서 택할 가장 좋은 정책이고 가장 현명한 선택이다. 사람은 부족한 구석이 많아서 거짓말은 반드시 그 꼬리를 보이고 만다. 그래서 인간답다. 너도 그런 경험이 있겠지만 사람은 신체적으로도 거짓에 반응한다. 웬만한 사람들은 거짓말을 하면 얼굴이나 눈동자의 움직임, 근육에 반응이 나타난다고 한다. 그 원리를 과학적으로 이용한 것이 거짓말 탐지기라고 하지 않니? 강아지도 상대방 마음을 읽어 반응하는 데 사람이 어찌 상대의 마음을 읽지 못하겠니? 그러니 배우자를 속이는 것은 손바닥으로 하늘을 가리는 것만 못하다.

그러나 살다보면 하얀 거짓말을 해야 할 경우가 있기는 하다. 하얀 거짓말과 검은 거짓말의 구별은 나중에 이 사실을 알았을 때다. 거짓말을 한 사실을 상대가 알았을 때 '고마워. 그렇게 해 줘서.'라고 말할 수 있는 것이 아니면 나머지는 모두 검은 거짓말이다. 살다보면 하얀 거짓말이 필요한 경우도 많지만 이것도 지나치면 신뢰에 금이 간다.

사람들은 비자금이나 가벼운 쇼핑 등 이런저런 소소한 일들은 남편에게 비밀로 하는 것이 낫다고 조언한다. 그래서 가끔은 거짓으로 말하곤 하지. 그러나 그것이 들통 났을 때 남편의 잔소리가 싸움의 시초가 될 때가 있단다. 말장난이지만 비밀과 거짓말은 다르니 차라리 비밀을 간직해라. 비자금 이야기가 나왔을 때 '돈 없어!' 하는 것과

'알 것 없어!' 하는 것은 다르지 않겠니? 옷값을 묻는 남편에게 '적당한 가격이라 샀어.' 해두면 한결 마음이 가볍다. 말 장난 같지만 그게 말의 묘미다.

그렇더라도 가능하면 비밀은 없는 것이 좋다. 엄마와 아빠는 비교적 비밀을 만들지 않고 살아왔다고 생각한다. 사실은 엄마나 아빠가 각자 가지고 있는 돈이나, 사고 쓰는 것, 직장에서의 생활, 친구와의 약속 등을 서로 깊이 알려고 하지 않으니 거짓말이 필요 없는 지도 모르겠다. 알아서 잘 할 것이라는 서로에 대한 믿음은 거짓말을 할 기회를 만들지 않는다.

무엇보다 잘못을 했거나 문제가 발생하면 감추려 하지 말고, 실수가 있으면 이를 인정하고 정직하고 당당하게 해결 방법을 찾는 것이 중요하다. 알면 신경 쓸까봐, 혹은 속 상할까봐 둘러 대거나 감추다가 일을 크게 만들기도 하고, 결국은 그런 일들로 오해가 쌓여서 스스로 수렁에 빠지기도 하고, 상처를 주어 고통을 당하는 부부들도 많단다.

살면서 항상 조심하고 위기가 닥쳐오지 않도록 최선을 다하는 것이 제일 중요하지만 위기가 왔을 때는 '정공법'이 제일이다. 특히 부부생활에서는 더욱 그러하다. '정공법(正攻法)'의 원래 의미는 기교나 꾀를 쓰지 않고 정정당당하게 공격하는 것이지만 엄마의 나름 해석은 정직(正直)하게 공격하는 것이다. 정직한 것처럼 확실한 결과를 보장하는 전술도 없기 때문이다. 말하기 싫은 부끄러운 일이나 배우자가 도저히 해결할 수 없을 것 같은 엄청난 사건이라고 해도 부부라면 정직하게 드러내 놓고 함께 풀어가야 한다. 말하기 싫으면 둘러대지 말고 말하지 않겠다고 정직하게 말하는 편이 낫다.

부부가 정직하게 살기 위해서는 평소의 관계가 중요하다. 스스로도 정직해야 하지만 상대의 정직을 받아주는 관용과 통찰력이 필요하다. 상대가 용기내서 하는 말은 절대 곡해하지 말아라. 속이기 위해 하는 말이라고 지레 넘겨짚거나 앞서가는 것도 금물이다. 용기를 높이 사주고 상황이 해결되도록 함께 노력해야 한다. 또 상대가 말하고 싶어 하지 않는다면 조금 기다려 주어라. 사람은 말하는 동물이라 기회가 되면 어떤 형태로든 속에 있는 것을 털어내게 되어 있단다. 그럼에도 아내의 통찰력과 판단력은 필수다. 하얀 거짓말과 검은 거짓말을 잘 분별해 내는 것도, 거짓말을 해야 할 상황을 만들지 않는 것도 큰 불행을 막을 수 있는 아내의 지혜다.

미국 정신과 의사 조지 베일런트의 '행복의 조건'에서 교육수준이 높은 하버드 대학생 집단과 저소득층 출신의 고등학교 중퇴자 집단, 그리고 천재라고 하는 사람들 중에서 발탁된 영재 집단을 70년 동안 꾸준히 인터뷰했는데, 교육수준이나 지능이 행복한 노년에 그다지 중요한 역할을 하지 못한다는 결론을 얻었다. 오히려 인생에서 누구를 만났는지, 그들과 어떻게 관계를 맺고, 자신의 삶에 어떤 변화를 주려고 노력했는지가 노년의 삶과 행복을 결정짓는 중요한 요인으로 나타났다. 행복한 노년을 살고 있는 부부들의 관계 방식은 신뢰를 기초로 한다. 배우자와의 신뢰로운 관계는 노년의 행복은 물론 수명도 결정한다.

살아보니 신뢰는 스스로 정직하고 배우자의 정직함을 귀하게 여겨주는 데서 쌓이는 것 같다. 부부가 살아가면서 서로에게 정직하려 노력하는 것, 티끌만한 거짓도 만들지 않으려고 노력하는 것이 중요하다. 또 상대의 정직하고자 하는 노력을 귀하게 여겨주고 인정해 주는 것 역시 그만큼 중요하다. 상호 정직한 관계를 통해 서로를 신뢰하며 평생을 살아가는 것, 우리가 꿈꾸는 가장 이상적인 부부관계가 아니겠니?

그러니 부부관계에서 최선의 정책은 정직이다.

제대로 말하기

호모 로쿠엔스 Homo Loquens (언어적 인간)인 인간에게 언어가 있다는 것은 참으로 큰 축복이기도 하고 그렇지 않기도 하다. 그렇지만 국어를 전공한 엄마로서 사람이 언어를 가지고 있다는 것은 축복이다. 왜냐하면 언어는 사람이 가지고 있는 가장 아름답고 소중한 감정인 사랑을 담을 수 있기 때문이다. 질그릇이든, 깨진 함지박이든, 투박하든 부드럽든, 고급지든 그렇지 않든, 사랑을 담음으로 해서 언어는 빛난다. 언어가 사랑을 담아내는 그릇임으로 해서, 언어는 사랑으로 살아가야 하는 부부에게 가장 중요한 삶의 도구다.

말은 주고받음으로써 말다워 진다. 그래서 말은 의사소통의 도구다. 소통을 전제로 하지 않는다면 '말'이 아닌 '소리'다. 상대를 고려하지 않고 일방적인 전달을 목표로 하고 있다면 그것은 잔소리든 큰소리든 소리다. 일방적인 전달을 위해서는 말보다는 문자가 더 효과적일 수 있다. 그럼에도 우리가 말을 선호하는 것은 사람은 상호관계적 동물이기 때문이다. 말이 소리가 아닌 의미를 가진 전달체로서 사람의 것이 되기 위해서는 상호간에 '주고 그리고 받아야' 한다. 부드럽게 상호 존중하며 주고받을 때 말은 제 기능을 다한다.

말이 가장 힘이 셀 때는 부드럽게 힘을 뺄 때다. 구기 운동을 할 때처럼 힘을 빼고 부드럽게 그 본질을 살려줄 때 말은 힘을 발휘한다. 대부분의 구기 운동이 부드럽게 힘을 빼고 끝까지 공을 보아야 잘 할 수 있듯이 대화도 힘을 빼고 현재의 주제에 집중하면 잘 할 수 있다. 마음에도 목소리에도 얼굴에도 힘을 빼고 현재에 집중하면 말은 제 기능을 다하게 된다.

사람이 살다보면 늘 크고 작은 문제에 부딪히게 마련이다. 특히 부부는 기대하는 것, 바라는 것이 많다 보니 다른 사람들보다 오히려 더 많은 의견 충돌이 일어난다. 그 충돌을 갈등으로 키우느냐 그렇지 않느냐에 따라 부부의 행복도가 결정된다. 연구에 의하면 부부의 갈등은 성격차이에서 오는 것이 아니라 문제를 풀어가는 방식에서 일어나는 경우가 많다고 한다. 그 방식을 이끌어 가는 중요한 키워드는 '말의 사용'이다. 그래서 엄마는 혼수 품목에 '좋은 말 사용법' 인증서가 있어야 한다고 주장한다.

행복한 부부들의 말 사용법에는 몇 가지 특징이 있다.

우선 행복한 부부들은 대체로 정직한 대화를 한다. 엄마가 늘 말하듯 '정직이 최선의 방책'임을 아는 것이지. 부부사이에서 정직하지 못한 대화는 반드시 드러나게 마련이거든. 소소한 거짓말이 부부생활의 가장 중요한 믿음이 깨지는 결과를 가져오므로 부부의 말 사용법 첫 번째 원칙은 정직한 대화다.

다음으로 행복한 부부들은 따뜻한 대화를 한다.

서로 다른 점과 의견 차이가 있다 하더라도 사려 깊고 따뜻하고 정중한 대화, 예의바른 대화를 한다. 예의라고 해서 존댓말을 하고 격식을 차리는 어려운 말을 하라는 것은 아니다. 말은 형식과 함께 생각을 표현하는 것이니 형식보다 마음에서 사랑과 예의를 담는 것이 중요하다. 부부가 되는 순간 예의가 사라지는 경우가 많지만 가족이야말로 가장 소중하게 '예(禮)'를 다해야 할 대상이다. 그러니 그가 마음 상하지 않도록 예의를 다해 성심껏 대화해야 한다.

또 행복한 부부들은 긍정적인 말, 힘을 주는 말로 상대를 격려하는 대화를 한다.

엄마, 아빠가 즐겨보는 프로그램 중에 '장수의 비밀'이라는 것이 있다. 특히 90살 100살까지 해로하는 부부들이 나올 때가 재미있더구나. 그 나이 되도록 구렁구렁 사시는 모습을 보면 어쩐지 엄마, 아빠 미래모습을 보는 것 같아 좋다. 그 프로에 나오는 장수 노인들의 '비밀'은 그다지 특별하지 않다. 특별한 것을 먹는 것도 아니고, 특별한 곳에서 살지도 않고, 그다지 부자들도 아니다. 그러나 그들의 일반적인 공통점은 대체로 부지런하고 긍정적인 언어 사용을 한다는 것이다. 특히 해로하는 부부들은 서로 '감사합니다', '고마워요', '예쁘다'는 말들을 자주 쓰더구나.

말은 힘이 세다. 세상에서 가장 비싼 음식도 혀 요리, 가장 싼 요리도 혀 요리라는 유태인의 가르침에서 보듯 말은 삶을 가장 값지게도 하고 천박하게도 한다. 물에게 좋은 말과 나쁜 말을 해주고 이를 고배율 현미경으로 관찰한 '물은 답을 알고 있다'라는 책에서는 말의 힘을 과학적으로 증명했다. 좋은 말을 들은 물을 얼려서 현미경으로 보니 육각수의 형태가 나타나고, 나쁜 말을 들은 물은 보기 흉한 결정체가 생겼다. 인간 신체의 70%가 물이니 이 원리는 사람에게도 그대로 적용된다는 설명이다.

엄마가 선생님들하고 밥실험 한 것 말한 적 있지? TV에서 한글날 기념으로 실험한 것을 보고 과장은 아닌지, 우리 선생님들의 말이 아이들에게 어떤 영향을 주는지 눈으로 확인해 보고 싶었어. 그래서 하얀 밥을 2개씩 병에 담아서 교무실마다 나누어주고 2주간 하나에게는 '사랑해. 고마워.'같은 좋은 말을 해 주고 다른 하나는 욕과 저주를 하게 했어. 그런데 놀랍게도 정말 밥이 다르게 변한거야. 더 놀라운 것은 어떤 선생님이 바빠서 한 번도 말을 못 해주고 밀어둔 밥이 가장 악취가 심한 곰팡이가 피었다. '세상에서 가장 무서운 것은 잊혀짐이요, 가장 불행한 사람은 잊혀진 여인'이라는 소설 '좁은문'의 대사처럼 무관심은 저주스런 말보다 더 나쁘다는 것을 눈으로 확인한 기억이 난다.

'시크릿'이라는 책에서도 성공의 비밀은 결국 말이라는 결론이다. 말은 변연계의 엄청난 공명을 일으켜 그 말대로 되는 엄청난 힘을 가지고 있다. 밥이나 물과 같은 무생물도 말에 의해 형태를 바꾸는 데 사람은 오죽하겠니? 그러므로 긍정적인 말로 남편을 바꾸는 것이 쉽지는 안겠지만, 그렇다고 못할 일도 아니다. 그러니 긍정적인 말을 하거라.

미국의 심리학자 가트맨 부부가 36년간 3,000쌍의 부부를 대상으로 한 실험도 매우 유명하다. 부부들을 관찰한 결과 사이가 좋은 부부와 그렇지 않은 부부의 차이는 긍정적 언어 사용 빈도에서 나타났다고 한다. 행복한 부부들은 부정적인 말 한 번에 긍정적인 말 다섯 번 정도 즉 1:5의 비율로 긍정적인 말을 한다고 한다. 반면에 이혼하게 되는 부부는 긍정과 부정의 말을 1:1정도를 쓰는데, 부정의 말 94%가 비난, 무시, 변명(방어)의 언어를 사용했다고 한다.

생각해 보면 가까운 사람들의 싸움의 발단은 대체로 말인 경우가 많다. 그러니 잘 싸우기 위해서 말의 사용을 잘 해야 한다. 싸움을 만들지 않기 위해서 먼저 말을 부드럽고 조용하게, 천천히 하는 것이 좋다. 그러면 싸움이 아니라 대화로 끝날 수 있다. 그럼에도 싸우게 된다면 '아 다르고 어 다르다'는 말이 있듯이 '너' 또는 '당신'으로 시작하지 말고 "나"로 시작하는 화법을 쓰는 것이 좋다. '너 화법'은 비난이나 원망이 섞일 수 있지만, '나 화법'은 나에 대한 감정을 표현하는 것이니 상대에 대한 비판이 들어가지 않을 수 있거든. '너는 왜 그래?' '당신이 나를 이렇게 만들었잖아?' 보다는 '나 지금 화났어.' '나도 이런 상황이 힘들어.'라고 하면 비난을 기대했던 상대의 마음을 녹일 수 있다.

또 상대의 말을 일단 그대로 반복하는 '메아리 기법'도 상대를 안정시키는 좋은 방법이다. 상대의 말을 그대로 일단 따라하면 상대를 인정도 해주고 숨도 고를 수 있어서 효과적이다.

엄마는 너희들이 듣는 곳에서는 말귀를 못 알아듣는 갓난 아이 시절에도 부정적인 말을 안 하려고 노력했다. 아빠에게도 친구에게도 부하직원들에게도 마찬가지다. 예를 들면 '우리 아이는 고집이 세요.' '우리 남편은 나를 도와주지 않아요.' 같은 말들을 듣는 데서 하면 원래 그렇든 그렇지 않든 사람은 기대를 충족시키려고 노력하는 경향이 있어서 그대로 행동하려 하거든. 그러니 듣는 곳에서는 단점보다는 장점을 더 자주 말해주는 것이 좋단다. 게다가 좋은 말은 변연계를 공명시킨다니 곁에 없어도 좋은 점만 말하면 신기하게도 말대로 되더구나. 또 자꾸 좋게 말하다보면 그 사람이 정말 그런 사람처럼 느껴지기도 해서 나의 관점이 변하기도 한다. 사실 사람의 행동이나 성격이나 태도 같은 것들은 보는 각도에 따라 다르게 평가되는 경우가 많지 않니? 말이 관점을 만드는 것이지. 그렇다고 할 말을 참으라는 것이 아니라, 말이 가장 효과적이고 아름답게 제 기능을 다 할 수 있도록 잘 사용하라는 것이다.

엄마가 나름 터득한 7가지의 말 사용 지침이다. 엄마는 이 말사용 지침을 나름 잘 지켜서 감히 '행복한 결혼'에 대해 말할 수 있게 된 것이라고 굳게 믿고 있다.

1. 긍정적인 말을 많이 할 것.
2. 단점, 지적질하는 말은 5번 참았다 1번만 할 것.
3. 칭찬하는 말, 사랑하는 말은 그 자리에서 즉시 3배로 할 것.
4. 최악의 순간에도 최악의 말은 절대 하지 말 것.
5. 목소리를 '솔'로 유지할 것, 특히 전화 목소리.
6. 상대를 칭찬하는 말을 포함한 가벼운 유머를 즐길 것
7. 명령조보다는 권유조의 문장이나 말투를 사용할 것

이해인 수녀님은 '나를 키우는 말'이란 시에서 '행복하다고 말하는 동안은 행복해져서 마음에 맑은 샘이 흐르고, 고맙다고 말하면

고마운 마음이 생기고, 아름답다고 말하면 잠시 아름다운 사람이 되어 마음이 환해진다'는 표현을 했다.

 말을 부드럽게 하는 것은 신이 선물로 주신 말에 대한 예의다. 마음이 따뜻해지고 환해지는 그리고 사랑을 키워가는 대화를 하며 살아라. 그다지 길지도 않은 인생 헐뜯고 상처주기에는 너무 시간이 아깝단다.

따뜻한 육아 이야기

'자녀행중경(子女幸重經)'을 쓰라

　'부모은중경(父母恩重經)'은 부모의 크고 깊은 은혜에 보답해야 함을 가르친 불교경전이다. 10장으로 이루어져 있는데, 그 내용은 주로 잉태하고 낳고 기르시는 부모님의 수고로움을 알고, 돌아가시기 전에 은혜를 갚자는 것이다. 그중 제 4장은 낳으시고 기르시는 열 가지 부모의 은혜를 열거해 놓았다.

　1. 억겁의 귀중한 인연으로 아기를 품고 지켜주신 은혜
　2. 두렵고 겁나는 해산의 고통을 견디신 은혜
　3. 자식이 건강한 것 하나로 모든 근심을 잊으시는 은혜
　4. 쓴 것은 삼키고 단 것은 먹이시는 무거운 정을 주신 은혜

5. 마른 자리 피하고 젖은 자리에 누워 편안함을 바라지 않는 은혜
6. 넉넉한 대지의 마음으로 젖을 먹여 기르시는 은혜
7. 아름답던 얼굴이 변해도 아들딸 걱정하는 은혜
8. 멀리 떠나 있는 자식을 사무치게 걱정해 주는 은혜
9. 자식을 위해 모든 슬프고 힘든 일을 떠맡으시는 은혜
10. 자식을 위해 목숨까지도 버리는 깊고 무거운 은혜

10가지 은혜를 보니 엄마는 너희들에게 이런 좋은 부모 노릇 하기는 했을까 오히려 미안한 마음이 드는구나. 부모 노릇이 이렇게 어려우니 너희들 세대가 부모 되기를 꺼려하는 것도 이해가 간다. 게다가 경제적 부담에 맞벌이로 육아전쟁을 해야하니 오죽 하겠니?

그러나 엄마가 너희들을 키워보니 엄마가 부모로서 너희들에게 한 일보다 너희들이 엄마에게 준 행복이 더 깊고 중하다. 너희들이 그동안 엄마, 아빠에게 준 기쁨들은 아마 죽을 때까지도 다 추억하지 못 할 거야. 앞으로는 너희들과 지내온 추억 그리고 너희들이 만들어 갈 세상, 그리고 내 손주들의 일상을 보는 기쁨으로 살아가겠지. 그 행복의 깊고 따뜻함을 엄마가 다 갚지 못한 '부모은중경'에 어찌 비하겠느니? 엄마는 부모의 깊은 은혜를 다 갚지도 못했는데, 너희들은 자식으로서 이리 큰 행복을 주는구나.

부모님이 주신 은혜를 감사하며 쓴 '부모은중경'이 있으니, 엄마는 너희들 키우면 느낀 행복을 생각하며 '자녀행중경'을 써 주고 싶다. 물론 네 동생의 혹독한 사춘기, 너의 급작스런 저항, 그리고 잠 못 들었던 숱한 밤들을 겪으며 '무엇 하러 자식을 낳았나?' 가슴을 친 날들도 많았다. 그러나 모든 인생사가 그렇듯 언제나 좋을 수만은 없단다. 결혼도 매일 좋은 날만 있지 않을 것을 알면서도 선택하는 이유는 행복한 날들이 더 많다는 경험적 통계가 있기 때문일 것이다. 자식을 낳는 이유도 그렇단다. 아픈 날보다 좋은 날이 더 많다는 엄마의 경험적 통계를 믿고 부모가 되는 일을 주저하지 말거라. 자식은 물음표로 시작하지만 결국은 삶의 느낌표다.

엄마가 너희들을 생각하며 다시 써보는 '자녀행중경'이다.

1. 억겁의 귀중한 인연으로 내게 오는 새 생명을 기다리는 설렘
2. 품에서 젖을 빨며 내 얼굴을 만져주던 세상에서 가장 따스한 손길
3. 두렵고 겁나는 해산의 고통을 견딘 후에 나타난 그 여린 손가락과 발가락
4. 온 얼굴에 소스를 묻혀가며 맛나게 먹던 고 작은 입술
5. '최고의 엄마상과 아빠상'을 주겠다고 분주하던 너희들의 웃음소리

6. 아픈 엄마를 위해 싱크대에 매달려서 만들어 준 짜디짠 스프
7. 아름다운 청년으로 성장해 가는 너희들을 가까이서 볼 수 있는 특권
8. 멀리 떠나 있는 너희들을 위한 경건한 기도의 시간
9. 늙어가는 엄마, 아빠를 위한 따뜻하고 소소한 걱정
10. 세상이 바뀌어도 변하지 않을 자식이라는 깊고 무거운 인연

이런 모든 것들이 너희들이 엄마, 아빠에게 준 무겁고도 따뜻한 행복이다. '내리사랑은 있어도 치사랑은 없다'는 옛말처럼 너희들을 사랑함으로 엄마의 일생은 행복했다.

사랑은 아래로 흐르는 것이니, 너희들의 사랑이 멈추지 않도록 예쁜 자식도 낳아서 '자녀행중경'을 쓰며 살아라.

뿌리 깊은
가족주의를 만들라

지난 크리스마스에 너하고 네 동생하고 크리스마스 트리도 만들고 아침에 선물도 교환했다는 말을 듣고 옛날 생각을 했다. 너희 둘이 독립해서 서울로 이사 간 후로도 엄마, 아빠는 12월이 되면 크리스마스 트리를 해 놓는다. 오색의 전구가 깜박이는 것을 보면서 함께 트리를 만들고 뒹굴며 좋아하던 어린 너희들을 떠올린다. 그리 여유 있는 것도 아니어서, 바쁜 시간을 쪼개고 쪼개서 만든 추억들이지만 우리 가족은 이런 소소한 일들로 언제나 즐거웠다.

가끔 아빠는 '너희들 어려서 하는 이런 여행이며 이벤트들을 나중에는 기억도 못 할 텐데 너무 집착하지 말고 피곤한데 쉬라'고 말리기도 했지만 그래도 차마 멈출 수 없었다.

엄마는 추억은 마음 깊은 곳에 그저 쌓이는 것이라고 생각한다.
꺼내 볼 수 없더라도 그냥 마음 깊은 곳에서 온기를 전해주는 것이지. 게다가 운 좋으면 인생 살다 외롭고 힘들 때 한 번쯤 꺼내 볼 수도 있고. 엄마는 너희들이 어른이 되어 거친 세상으로 나가 살 때 생각만으로도 따뜻한 기억이 있어야 한다고 믿는다. 그리고 그런 기억으로 만나는 추억들은 삶을 아름답게 한다.

닭백숙 식당에 가면 선풍기에 의지해 땀 뻘뻘 흘리며 먹던 시끌벅적한 식탁이, 딱지와 구슬을 보면 그걸 끼고 자던 어린 네 동생이, 종이 인형을 보면 목이 부러졌다고 어쩔 줄 몰라 하던 어린 네 모습이 떠오른다. 그런 추억들은 삶의 굽이굽이 우리 가족이 어려울 때마다 힘이 되어 주었고, 기쁨을 함께 나누는 근원이 되었다. 그리하여 너희들 표현대로 우리 가족만의 '뿌리 깊은 가족주의'가 탄생했는지도 모르겠다.

12월 첫 주쯤 되면 온 가족이 모여 넣어 두었던 조립 나무를 꺼내 맞추며 트리 장식을 한다. 너희들 대여섯 살부터 시작했으니 이것도 수십 년 된 행사지? 식구마다 선물을 준비해 트리 밑에 두었다가 크리스마스 아침이면 눈 비비고 일어나 서로 안아주며 선물 교환을 했다. 엄마는 케익을 만들고 너희들은 아빠와 쫑알쫑알 트리를 만드는 모습이 동화처럼 떠오른다. 너희들이 쓴 산타에게 보내는 편지는 너희들 마음을 엿보는 엄마, 아빠만의 방법이었어.

네가 물었지?

"엄마! 싼타 할아버지 정말 있어?"

"있지. 네가 없다고 믿는 날 싼타 할아버지는 할아버지 나라로 떠난단다."

"그럼 선물도 못 받아?"

"그럼. 싼타는 자기를 믿는 착한 아이에게만 선물을 주거든."

"알았어. 싼타 할아버지는 죽을 때까지 있어."

너희들은 30이 넘은 지금도 싼타가 있다고 믿는 척하며 선물을 챙겨 가지만, 여전히 크리스마스는 종교를 떠나 우리 가족이 사랑을 나누는 중요한 이벤트다. 이제는 엄마가 1년 중 유일하게 만드는 양식요리로 함께 저녁을 먹으며 선물을 교환하지만 그것도 여전히 우리 가족에겐 중요한 행사다.

선물을 미리 사서 트리 밑에 놓고 크리스마스 날 아침까지 기다렸다가 온가족이 서로 포옹하며 선물을 개봉하는 것도 우리집 행사다. 너희들은 선물을 열어보고 싶어 애가 타서 묻곤 했지. 왜 미리 선물을 못 열어보고 기다려야 하느냐?'고. 그것은 아마도 기다림을 배우는 과정이겠지? 트리 밑에 놓여있는 선물 상자를 미리 뜯어보지 못해 안달하던 너희들의 귀여운 모습이 떠오른다.

매년 1월 1일 0시의 송구영신 가족모임은 너무나 특별하다. 이런저런 사건도 많았다. 특히 네 동생은 이 행사를 통해 여러 번 거듭나기도 했지. 집에서만이 아니라 대천도 가고 부산도 가서 맞이하는 새해는 언제나 새날이라 특별하다. 놀기 좋아하던 너희들이 어려서는 친구들과 놀다가 집으로 달려와 송구영신 의식하고 또 총알처럼 놀러 가곤 했었어. 적어도 한 해를 보내고 맞이할 때만은 가족들이 오롯이 함께 해야 한다는 엄마의 소망이 우리 가족에게 많은 기적도 가져다 주었다. 촛불을 켜고 손을 잡고 둘러 앉아 지나간 한 해를 돌아보고 새로운 한 해에 대한 결심을 말하는 의식은 그 자체로 경건하고 아름답다.

엄마가 만든 백자 항아리가 이사하는 중에 없어져서 아쉽지만 1년간 그 항아리에 돈을 모았다가 너희들과 함께 고아원도 가고 장애인 시설도 갔었던 것 기억나지? 너희가 더 가지고 태어난 것을 석가모니처럼 일부러 버릴 수는 없겠지만, 있는 것을 나누려는 마음을 키워주고 싶었던 우리 가족의 행사다. 그런 경험들이 쌓여 너희들은 알아서 도서관 사업에 기부도 하고, 어려운 아이들을 위한 정기 기부자도 되어 주니 고맙고 고맙다.

또 어릴 때 너희들의 생일은 온 가족의 특별 이벤트다. 생일 카드를 만들고, 판요따(박터트리기 같은 놀이를 위한 인형)를 만드느라 온 가족이 둘러앉아 땀을 뻘뻘 흘리곤 했었어. 게다가 너희들 생일이 봄, 가을 따뜻한 때라 음식을 만들어 아파트 옆 공원으로 나가 아빠의 지도 아래 게임도 하고, 보물찾기도 하고, 판요타 터트리기도 하고, 볼품은 없지만 정성 가득한 엄마가 만든 케이크로 축하를 했지. 그 당시는 그런 종류의 생일이 많지 않아서 사회성 좋은 너희들은 어떤 때는 한 30명씩 불러와 학급 축제를 만들기도 했었단다.

대보름이면 아빠와 함께 깡통에 구멍을 뚫고 동네 공터로 가서 쥐불놀이도 하고, 고구마도 구워 먹던 일은 앞으로는 할 수 없는 일일 거야. 겨울이 되면 나무 팽이를 깎아 만들어 치느라 거실 바닥 다 망쳐놓은 것도 기억하지? 아파트 뒷산에서 비닐 포대 미끄럼 타던 것이며, 붉은 샅바를 직접 만들어 하던 가족 씨름대회, 명절 때면 웃음꽃 피는 가족 윷놀이, 할머니 생신날을 기대하게 하는 수박씨 뱉기 대회 등 가족의 추억은 모두 아름답다.

너희들 어려서 엄마, 아빠 결혼기념일이나 생일이면 해주던 멋진 이벤트며, 봄 여름 가을 겨울 계절마다 하는 가족 여행 등 온갖 행사가 많기도 했다. 엄마의 극성으로 너희들 학창시절에도 제사며 생일과 같은 가족의 행사가 있을 때, 시험 당일을 제외하고는 참석하는 게 원칙이었다. 가족은 너희들을 있게 하는 뿌리이므로 어떤 것도 가족을 우선할 수 없고, 대신할 수 없다는 것을 알기 때문이다.

너희들이 독립체가 되어 각자의 삶을 꾸리고 있는 지금도 정말 피할 수 없는 부득이한 사정이 아니라면, 가족 행사를 가장 우위에 두는 것은 아마도 습관처럼 낯익은 뿌리 깊은 가족주의가 있기 때문일 것이다. 그렇지만 너의 결혼으로 가족 행사에 대한 새로운 원칙을 정해야 할 것 같구나. 지난번 한창 반향을 불러일으킨 '드라이빙 미스 노마(Driving Miss Norma)'의 페이스 북에 가족들이 써 놓은 말이 생각난다.

'인생은 붙잡고 있기와 놓아주기 사이의 균형 잡기다. 그래서 노마 할머니의 죽음을 놓아주려 한다.'

엄마도 이제 가족이라는 이름으로 너희들을 너무 붙들고 있지 말고 놓아주려 한다. 이제 너희들도 독립된 하나의 가정을 이룰 것이니 너희들만의 가족 문화와 행사로 뿌리 깊은 가족주의를 만들어 가렴. 그리고 거기서 다시 아름다운 삶을 만들어라. 네가 살았던 곳에서의 따뜻하고 온전했던 추억을 잊지는 말고, 너희 가족만의 색깔을 입힌 가족 문화를 만들어 너의 아이들에게 추억 한자락 물려주거라.

이제 네 가족만의 뿌리 깊은 가족주의를 허락 하노라!

내 삶이
나의 유언이다

　재작년 여름 대학 동문들과 용정을 다녀왔었다. 윤동주 생가에서 돌아가며 윤동주 시를 낭송하기도 하고, 일송정에서 해란강을 바라보며 선구자 노래도 목청껏 불렀던 가슴 벅찬 여행이었다. 그러나 엄마의 심장을 가장 뜨겁게 했던 것은 김약연선생의 '나의 행동이 곧 나의 유언이다'라는 말이 새겨진 판넬이 있던 낡은 전시관에서다.

　뜨거운 여름이었는데도 서늘해지는 기분을 느꼈다. 이분은 조국을 생각하며 이런 말을 남겼겠지만 엄마는 너희들을 생각했고 학생들을 생각했다. '오늘 내 발자국이 훗날 뒤에 오는 사람의 이정표가 될지 모르니 함부로 어지러이 눈길을 걷지 말라'는 서산대사의 고시처럼 나의 행동은 너희들의 삶이 될 지도 모른다는 두려운 경고였다.

내가 하는 지금의 모든 행동들이 너희들에게 유언이 된다니 얼마나 깊고도 무거운 말이냐?. 엄마, 아빠가 죽고 나면 우리의 삶이 너희들에게 가치 있는 유언으로 기억될 지 그것이 두렵다. 엄마, 아빠가 살아왔듯이 그렇게 살라고 부끄럼 없이 말하고 죽을 수 있을까? 나의 엔딩 노트에 아무것도 기록하지 않아도 너희들이 기억하는 나의 삶이 그대로 유언이 될 수 있을까 생각해 본다.

자식은 부모의 등을 보고 자란다고도 한다. 앞에서 말로 가르치고 훈계하는 대로 자라는 것이 아니라, 부모가 한 행동을 따라하며 자란다는 것이지. 그래서 자식은 부모의 거울이다.

아이들은 가르쳐 준 적도 없는 데 부모의 식성을 닮고, 걸음걸이를 닮고, 세상에 반응하는 방법을 닮는다. 사람을 대하는 태도를 닮고, 물자를 대하는 방식을 닮는다. 자식들은 부모들의 행동을 흉내내며 성장한다. 정말 부모로 산다는 것은 두렵고 두려운 일이다. '자식을 자랑거리 삼으려 하지 말고 자식에게 자랑스러운 부모가 되라'는 명언은 서슬이 퍼렇게 가슴에 와 닿는다.

엄마가 명절 때면 음식이며 작은 선물이며 수위 아저씨들에게 전달하는 모습을 본 너희들이 따로 살면서도 그런 분들을 챙긴다는 소리를 들으며 고마웠다. 때로 엄마, 아빠가 식당이나 공공기관의 불친절에 울근불근하는 것을 보고 자란 너희들이 서비스기관의 불친절에 예민하게 반응하는 것을 보고 놀란 적도 있었지만 말이다. 가르친 적 없지만 엄마, 아빠의 행동을 그대로 따라하는 너희들을 보고 걱정도 되지만, 어떤 때는 조금 안심도 된다. 네가 결혼하게 되니 더 그런 생각이 드는구나. 엄마와 아빠가 행복을 만들며 살기 위해 노력하는 것을 보았으니, 최소한 황폐한 가정을 만들지는 않으리라는 안도의 마음도 약간은 있다.

물론 좋은 부모의 모델링만으로 자녀의 삶이 결정된다면 이것도 일종의 연좌제다. 좋은 부모를 만나지 못하는 사람도 있고, 좋은 부모를 일찍 잃어야 하는 엄마 같은 사람도 있으니 말이다. 마약과 범죄가 득실댔던 카우아이 섬의 18년간의 연구는 모델링은 부모만 하는 것은 아니라는 것을 확인시켜 주었다. 이 연구에서 아이들은 자신을 끝까지 믿어주는 단 한 명의 성인만 있어도 훌륭하게 성장할 수 있다는 결론을 얻었다.

사람은 기본적으로 나쁘게 살고 싶지 않은 마음이 있음으로 해서, 나쁜 환경이나 과거로부터 벗어나기 위해 끊임없이 노력한다. 삶에 지친 홀어머니 밑에서 행복한 가정을 제대로 보지 못한 엄마는 모델링의 대상을 책에서 찾은 것 같다. 아픈 기억 속의 가정이 아닌 따뜻하고 온전한 가정을 반드시 만들어야 한다는 결심은 엄마의 삶을 이끌어 온 힘이다. 엄마는 독서와 사색을 통해 이 자리에 왔다.

이제 너는 독립된 인격체로서 너만의 가정을 만들며 살아가게 될 것이다. 엄마, 아빠가 그래왔듯이 너희들의 일상이 네 가정의 문화가 될 것이고, 너희들의 가치관이 네 자식들의 세계관이 될 것이다. 너의 오늘을 충실하게 살아야 하는 이유 중에 하나는 너의 삶을 사랑하는 너의 자식들이 보고 배울 것이기 때문이다.

네 자식들에게 많은 유산, 멋진 유언 남기려 하지 말아라. 그저 일상의 삶을 아름답고 성실히 살아가는 부모가 되어 너희들이 살아온 삶을 유산으로 남겨 주어라.

혹 엄마, 아빠가 잘 못 보여준 것이 있다면 용서해 다오. 너희들은 우리 세대보다 더 나은 삶을 자식에게 유언으로 남기며 살기를 바란다.

그릿을 가지고 퍽을 향해 가라

캐나다 하키영웅 웨인그레츠키는 이런 말을 했다.

"나는 현재 퍽이 있는 곳이 아니라, 퍽이 갈 곳을 향해 달려간다. I skate to where the puck is going to be, not where it has been."

격렬하게 경기를 하면서도 끊임없이 퍽(아이스하키 공)이 갈 곳을 예측하며 달려가기 때문에 그가 하키 영웅 소리를 듣는 것 같다. 물론 경기를 하면서 공이 갈 곳을 예측한다는 것이 쉽지는 않을 것이다. 끊임없는 연습, 시행착오, 실전경험, 타고난 능력들이 결합되어야 가능할 것이다. 그러나 퍽이 갈 곳을 생각하며 경기하는 사람과 그렇지 않은 사람은 같은 능력과 경험을 가졌다 해도 결과는 분명 다르리라는 것은 예상할 수 있다.

현재만이 아니라 먹이 갈 곳을 향해 움직이는 것이야말로 너희 부부가 안정되고 행복한 노후를 준비하는 방법이라고 생각한다. 지금 여기에 충실하면서도 저기 저쪽, 너희들이 가야할 곳을 바라보며 움직이는 것이 너희 가정의 생존 전략일 수 있다. 너무 지당하고 평범한 말이지만 막상 실행하기는 그리 쉬운 일이 아니다. 10년 후의 먹거리를 고민하며 전략을 짜왔다는 어느 기업처럼 부부는 가정을 위해서, 자식들을 위해서 10년을 내다보는 지혜가 필요하다. 엄마, 아빠의 미래에 대한 안목이 자녀들의 행복을 보장해 줄 수 있기 때문이다.

그러나 조급해 하지 말거라. 옛말에 젊어서 고생은 사서도 한다고 하지 않니? 젊은 너희들의 방황과 고생은 사서 해야 하는 값진 것이다. 아직 너희들은 너무 젊고, 너무 아름답고, 너무 갈 길이 창창하다. 사람은 원래 헤매는 동물이다. 아무 것도 하지 않고 머물러 있으면 헤맬 것도 고민할 것도 없겠지. 사람만이 헤매고 그 헤맨 길에서 지혜를 쌓아가는 유일한 동물이라고 생각한다. 너희들이 헤매고 좌절하고 고민하고 있다면 그것은 너희 부부가 제대로 잘 살고 있다는 증거다.

인생에서 후회되는 것들은 '해서 실패한 것이 아니라 실수할까 주저하다가 해보지 못한 것'이라고 한다. 해보고 실패한 것에 대한 후회는 오히려 삶을 풍요롭게 한다. 그래서 젊은 날에 고민하고 실행하고 실패도 해보고 헤매도 보아라. 실패를 두려워하지도 말고 오늘의 고민과 방황을 부끄러워하지도 말아라. 인생의 특정 시기에 해야 할 일들 즉 '발달 과업'이라는 말이 있다. 10대는 공부, 20대는 연애, 30대는 일이라던가? 이제 결혼을 시작한 너희들이 지금 해야 할 과업은 아마도 너희들만의 가치관과 철학을 쌓고 그 바탕에서 정의롭게 살아가기 위한 방향을 정하는 일일 것이다. 그래야 제대로 일도 할 수 있단다. 살아보니 인생은 속도가 아니라 방향이다.

어느 기관에서 나온 보고서를 읽다보니 '구글다움(Googleyness)'을 설명한 글이 있었다. 제대로 된 구글인의 13가지 정도의 특성을 설명했는데, 그중에 가장 중요한 특성을 '그릿이 있는 사람People with Grit!'이라고 하더구나. 사실 엄마가 영어가 짧아 'grit'이라는 단어를 잘 몰랐어. 사전을 찾아 뜻을 읽다보니 이제 막 가정을 만들어 가는 너희들에게 꼭 필요한 것이더구나.

Grit! 투지 기개 혹은 열정과 끈기!
그러나 우리가 상투적으로 말하는 열정과 끈기하고는 다르다. Grit을 가진 사람이란 마냥 오기를 부리는 사람이 아니라, 자기 동기부여가 확실하면서 자기조절능력을 가진 사람을 말한다. 어려운 일을 지루한 역경 속에서도 꾸준하게 해 낼 능력을 갖춘 사람, 자기만의 근성을 가지고 역경을 피하지 않고 기꺼이 즐기며 목표를 이루는 사람을 말하는 것이지.

역경을 끈기 있게 뚫고 앞으로 나아가는 '그릇이 있는 사람'을 멀리서 찾을 것도 없다. 너희들의 부모 세대를 보아라. 너에게도 가끔 말했지만 엄마와 아빠의 가난한 유년시절과 신혼시절을 생각하면 오늘의 삶이 기적 같기만 하다. 50살 이후에는 가족을 걱정 없이 살게 하겠다는 아빠의 목표와 그 목표를 향해 바친 시간은 눈물겹다. 소시민적인 목표라고 비웃지 말아라. 아빠가 이룬 작은 꿈 안에서 우리 가족들이 꿈 넘어 더큰 꿈을 꾸게 되었다. 엄마 역시 따뜻한 가정을 이루며 살고 싶다는 소망을 지키기 위해 눈물겨운 노력을 해 왔다. 그래서 여기 우리가 따뜻하게 기대고 사는 것이다.

이제 결혼하여 이루는 너의 가정은 온전한 너희들의 책임 아래 만들어질 것이다. 너희들의 열정과 기개로 힘을 얻기도 할 테고, 위로가 되기도 할 것이다. 또 너희 자식들은 너희들이 어떻게 사는가에 따라 혜택을 받기도 할 테고, 힘들어 질 수도 있다. 그러니 가족을 위해 그릇을 잃지 말고 꺽이 갈 곳을 향해 그렇게 가거라.

너희들의 꾸는 꿈을 소시민적인 꿈이라 깐보지 말아라.
소시민들이 꾸는 작은 꿈들이 우리의 역사를 이끌어 왔다.

뱃속에서도 듣는다

"아이고, 지겨워. 쟤 왜 저리 고집이 센지. 지 애비 닮았나봐."
"얘는 아예 야채를 안 먹어서 속상해요."
"마음대로 안 되면 저렇게 아무데서나 뻗대고 운다니까."
"우리 애는 원래 수줍음이 많아서 남 앞에서는 말을 안 해요."

엄마들이 가끔 아이들이 옆에 있는 데도 다른 사람들과 하는 말들이다. 벼는 농부의 발자국 소리를 들으며 자라듯 아이들은 부모의 말을 듣고 자란다. 게다가 아이들은 부모가 자신들의 행동이나 성격을 규정하는 대로 자신을 맞추려는 경향이 있다. 아이들은 본능적으로 착한 아이이고 싶어하기 때문이다. 그래서 아이들은 낮에 열심히 자고 밤에는 떼를 쓰고, 남 앞에서 더욱 수줍게 굴고, 바닥을 뒹굴며 고집을 피면서 엄마의 기대에 부응한다. 그것이 아이들 나름의 부모에게 효도하는 방식일지도 모른다.

부모의 생각과 말은 중요하다. 입으로만이 아니라 진심으로 내 아이의 행동이 그 나이 또래의 일반적 행동이라는 믿음이 필요하다. 남편의 행동에 속상하다가도 다른 집 남자와 비슷한 것 같으면 안도나 포기로 평화를 얻는 것처럼 아이들에 대해서도 그렇다. 엄마의 깨달음처럼 '사람들은 똑 같으면 똑 같다.' 그러니 안달복달할 것도 없고 미리 열 받을 것도 없다. 혹 조금 잘못되었어도 부모의 사랑을 먹고 자라니 결국은 바로 갈 것이라는 믿음만 있으면 충분하다. '사랑은 결코 실패하지 않는다'는 말처럼 자녀교육은 자식들에 대한 사랑과 믿음만이 답이다. 그리고 그 믿음을 자주 확인시켜 주어야 한다. 그 방법은 좋은 말을 들려주는 것이다.

너희들 어렸을 때 엄마가 잘 써 먹은 방법이 있다. 너희들에게 원하는 행동이 있으면 엄마 친구들과 대화할 때 너희들이 들을 수 있도록 말하는 거야.
"저번에 감기몸살 걸렸을 때, 아이들이 다리 주무르고 물수건 올려주고 난리도 아니더라고. 그래서 새끼는 낳아야 하나 봐."
전화를 끊고 거실에 나오면 너희들은 설거지를 하고, 방을 치우느라 부산을 떤다. 엄마의 귀중한 '새끼' 노릇을 하려고 애를 쓰고 있는 것이지.

엄마는 너희들 키우면서 너희들 듣는 앞에서 부정적인 평가를 하거나 부정적으로 규정하는 말을 거의 하지 않았다. 정말 화가 났을 때에도 너희들의 자존감을 떨어뜨리는 말만은 삼가려고 노력했다. 틈나면 장점을 말하고 격려하는 말로 너희들을 키웠다. 그래서 너희들은 각각의 능력에 따라 자존감 높은 사람으로 행복하게 살아가는 것이라고 자부한다.

엄마가 가끔 너희들 보고 '송혜교 닮았다. 정우성 닮았다.'하면 너희들은 기겁을 하며 말하지.

"엄마 자식이니까 엄마 눈에만 그렇게 보이는 거야. 어디 가서 절대 그런 말 하지 마. 엄마도 우리도 다 욕 먹어."

그래도 엄마 눈에는 그렇게 보이는 것을 어쩌겠니?

믿는 대로 된다는 말은 진리다. 이 명언이야말로 인간 성공의 일급 비밀이다. 아이들은 부모의 기대만큼 자란다. 실제로 부모의 긍정적인 평가와 기대는 자녀의 성취와 높은 상관이 있다는 연구는 아주 많다. 자긍심은 사랑으로 자라는 선물이라고도 했다.

8남매를 사회의 중진으로 훌륭하게 키운 어느 분의 일화는 매우 감동적이다. 그분은 집에 손님들이 오면 아이들을 차례로 불러 소개를 하면서 아이들의 장점을 하나하나 자랑했다고 한다. 그리고 실제로 아이들은 그 장점을 잘 키워가며 성장하여 사회에서 중요한 사람들이 되었다. 부모의 신뢰와 기대는 아이들의 꿈을 이루는 힘이다. 듣는 곳이든 듣지 못하는 곳이든 자식의 뇌에 변연계 공명을 일으키기 위해 부모로서 할 수 있는 일을 해야 한다.

놀랍게도 아이들은 뱃속에서도 듣는다. 게다가 뱃속의 아기는 마음으로 하는 소리도 듣는다. 엄마 뱃속에 있는 기간도 나이로 쳐주는 한국의 나이 계산법은 정말 교육적이다. 엄마는 너희들 뱃속에 있을 때도 나쁜 생각, 부정적인 생각은 하지 않으려 노력했다. 책도 읽어주고, 일기도 써주면서 매일 대화를 했다. 나에게 기적처럼 찾아온 하나님의 선물에 그저 감사한 마음을 가졌다. 입덧으로 힘들어도 존재감 나타내려고 용쓰는 고 조그만 것을 생각하면 대견했다.

요즘 젊은이들은 임신을 하면 온갖 종류의 태교를 한다고 하더구나. 특별한 것도 먹고, 좋은 음악도 듣고, 태교 체조도 하고, 좋은 것만 보려고도 하고 다양하고 품격 있는 태교활동들을 한다지? 그러나 엄마가 생각하는 세상에서 제일 좋은 태교는 엄마, 아빠의 목소리로 힘이 되는 말, 긍정적인 말, 따뜻한 말을 자주 들려주는 것이다. 그리고 한없는 기쁨과 사랑을 가지고 안아주고 만져주는 것이다.

외할머니는 너희들 키울 때 자주 이런 말씀을 들려주셨다.
'에미의 가슴에서는 이슬이 나오는데, 자식들이 그 이슬을 먹지 못하면 산해진미도 소용없다.'

엄마가 잠들어 있어도 이슬은 기둥처럼 솟아서 자식의 가슴으로 들어가는 것이라고도 했다. 그러니 아무리 어려워도 끼고 자고, 끼고 다독거려 가며 키워야 한다고도 하셨다. 그러다가도 피곤해서 쩔쩔 매는 엄마한테 매달려 잠투정하는 너를 안으시며 외할머니는 이렇게 말씀하셨다.
"에미의 이슬 기둥은 벽도 뚫고 하늘도 덮는다. 피곤한데 건너가 자거라. 내가 데리고 자마."

딸아! 그게 엄마다.
그러니 네 마음을 다해 이슬 기둥을 전해주고, 네 정성을 다해 좋은 소리를 들려주어라. 엄마의 딸이 그 딸에게 들려줄 따뜻한 이야기들이 이슬 기둥으로 세상에 퍼져 나가기를 소망한다.

똘레랑스하는 부모가 되라

흔히 관용의 의미 중에서 똘레랑스(Tolerance)는 정치, 종교, 도덕, 사상, 양심 등의 영역에서 의견이 다를 때 논쟁은 하되 물리적 폭력을 행사하지 말아야 함을 의미한다. 똘레랑스는 개개인은 이성적 주체이므로 공개적인 토론을 통해 이전에 가지고 있던 생각보다 더 나은 결론에 도달할 수 있다는 믿음을 바탕에 두고 있다. 즉 그냥 눈 감아 주는 동정 따위가 아니라 자유로운 논쟁을 통해 상황에 대한 이해를 높임으로써 반대의 주장을 지켜주는 것이다.

볼테르의 '나는 네가 말한 것은 비난하지만, 너의 말할 권리는 죽을 때까지 지키겠다.'는 말은 똘레랑스의 극단적인 예다.

똘레랑스의 이념은 어떤 이론이나 주장을 틀렸거나 해롭다는 이유로 표현 자체를 봉쇄하면 안 된다는데 핵심이 있다. 똘레랑스는 인간 개개인을 이성적인 주체로 파악하고, 이견이나 쟁점이 있을 때 함께 토론함으로써 과거에 가지고 있던 생각보다 더 나은 결론에 도달할 수 있다는 믿음에서 출발한다. 똘레랑스로서의 관용은 져주는 것, 상대방을 무조건 다 받아들여함을 의미하지는 않는다. 오히려 함께 고민하고 성찰하며, 때에 따라서는 격렬한 논쟁을 통해 더 나은 결론에 도달하는 것이다. 사실 이러한 이념을 바탕으로 근대적 의미의 민주주의가 성장해 왔다고 해도 과언은 아니다.

가정에서도 똘레랑스로서의 관용은 매우 중요하다. 부부란 각기 다른 삶과 경험을 바탕으로 한 온갖 습관과 생각, 행동, 문화들을 인정하고 융합해 가며 살아가야 하는 완전한 주체다. 자식들 역시 우리가 모르는 시대를 경험하며 그들의 문화를 만들어 가는 주체다. 따라서 각 주체가 가지고 있는 생각의 자유로운 표현이 허용될 때 민주적인 가정문화가 만들어 질 수 있다. 힘이 있기 때문에, 나이가 많기 때문에, 다른 가족의 생각을 막아서는 안 되며 그들의 말할 권리를 박탈해서도 안 된다.

반면에 동양에서의 관용은 너그러움(Generosity)의 의미로 주로 쓰였다. 너그러움 즉 Generosity는 Tolerance와는 달리 고귀한 사람들이 비천한 사람들 혹은 아래 사람들이 가지고 있는 이질적인 요소들을 너그럽게 받아들여 준다는 의미를 더 많이 가지고 있다.

동양권에 속한 우리의 전통적인 가정에서의 관용은 Tolerance 보다는 Generosity의 의미가 더 강하다. '가장', '부모와 군주는 동일'이라는 식의 권력의 위계에 따라 소위 강자인 남편이나, 부모들이 약하거나 아랫사람으로 여겨지는 아내나 자식들의 이질적인 요소를 너그럽게 받아들여줌으로써 가정의 평화를 이루어 왔다. 그래서 남편의 가사일은 도와주는 것이고, 아이들의 주장은 귀여운 투정이나 무시해도 좋을 반항으로 치부된다. 자유로운 표현이나 주장이 허용되어야 할 경우에도 고귀한 자의 호의와 같은 너그러움으로 덮히고 만다. 그러다가 이 너그러움이 무시되면 권위로 누름으로써 외적 평화를 유지했던 것이다.

그러나 가정은 누군가가 일방적으로 시혜를 받거나 특혜를 받는 곳이 아니다. 부부는 더더욱 그러하다. 강자와 약자를 나누어 보호를 요청하거나 시혜를 받는 관계가 아니라 서로의 의견을 충분히 표현함으로써 성장해 가는 관계다. 게다가 그 마음에 너그러움을 간직하고 받아들여야만 하는 최고의 관용이 요구되는 관계다.

부모자식의 관계도 마찬가지다. 아이들은 한 번에 만들어 나오는 완성품이 아니기 때문에 그들의 변화에 맞추어 끊임없이 토의하고 협상해야 한다. 내 배 아파 나온 아이들이지만, 아이들은 탯줄을 끊고 나오는 순간 주체로 존재할 것을 선포한다. 우렁차게 첫울음을 터트리며 말할 권리를 외치며 등장하는 것이다. 그래서 아이들은 미운 일곱살도 거치고, 질풍노도의 시기도 거쳐가며 단단함을 키워간다.

가정은 계약으로 맺어진 위계사회가 아니다. 더할 수 없는 소중한 인연으로 가족이 되었으니 주체로서 존중 받으며 길고 긴 삶을 함께 살아가야 한다. 세상에 하고 많은 사람들 중에 유독 이 사람과 결혼한 것은 사랑이라는 아름다운 끈으로 연결되었기 때문이며, 부모자식이라는 경건한 인연으로 아이들은 내 품으로 들어왔다. 그러니 누가 위고 아래일 수 없다.

가정생활을 하다보면 끊임없이 무언가를 관철하고 협상하고 후퇴하면서 살아야 한다. 가정생활은 작은 사회생활이고, 작은 협상테이블이다. 단지 기한이 정해져 있지 않다는 것이 다를 뿐이다. 그러니 다른 의견을 말하고 들어주고 넉넉하게 수용할 수 있는 문화를 만들어야 한다. 가족 한 사람 한 사람이 모두 행복하기 위해서는 네 남편은 물론 아이들도 이성적인 주체로 받아들이는 똘레랑스가 필요하다.

관용의 너그러움과 똘레랑스를 아름답게 살리는 '관용하는 아내, 관용하는 어미'가 되거라.

에필로그

결혼은 행복하려 하는 것이다.

이제 너는 착하고 말 잘 듣는 딸에서
스스로 새로운 삶을 개척해 가는 어른이 되어
엄마 곁을 떠난다.
그동안 '나'의 인생을 살았으니
이제부터는 '우리'의 삶을 살아가게 될 것이다.
함께 사랑을 만들고 행복을 만들어 가거라.

결혼은 네가 선택한 길이다.
게다가 행복하기 위해 기꺼이 선택한 길이다.
다른 길에서 행복을 찾는 사람도 있지만
결혼을 선택했다면, 무조건 행복해야 한다.
그래야 한다. 그래야 부부다.

사랑하는 딸아!
사랑을 가슴에 품고, 할 일을 다 하는, 아름다운 어른이 되어라.
측은지심을 잃지 않는, 비단결처럼 착한 아내가 되어라.
무엇보다 기다림의 미학을 아는, 따뜻하고 현명한 어미가 되어라.
행복하거라 내 딸아!

발행 / 2017년 6월 21일
인쇄 / 2017년 6월 14일 1판 1쇄
저자 / 가경신
책임편집 & 디자인 / 윤여진
책임마케팅 / 윤완진
출판관리 / 김새한별
펴낸곳 / 내 안의 거인

서울시 금천구 가산동 60-19 SJ테크노빌 1116호
TEL / 02)3446-3165
FAX / 02)515-6784
E-MAIL / youn.kenneagram@gmail.com
Hompage / www.kenneagram.com

ISBN 9791196108502 03190
값 / 12,800원

파본은 교환해 드립니다

이 책에 대한 모든 권한은 내 안의 거인에 있으므로
무단전재와 복제를 금합니다.